OBSERVATIONS

SUR

LES FINANCES DE LA FRANCE

EN 1818,

ET PROPOSITION D'UN CAUTIONNEMENT DE 90 MILLIONS A EXIGER DE LA BANQUE DE FRANCE;

Présentées par J. OUVRARD, en avril 1818.

DE L'IMPRIMERIE D'ANGE CLO.

PARIS,

PETIT, LIBRAIRE DE LL. AA. RR., AU PALAIS-ROYAL, GALERIE DE BOIS, N°. 257. ET CHEZ LES MARCHANDS DE NOUVEAUTÉS.

1818.

OBSERVATIONS

SUR

L'ÉTAT DES FINANCES DE LA FRANCE,

EN 1818,

Précédées d'un résumé sommaire des mesures de finances successivement adoptées depuis 1814 jusqu'à présent,

Et terminées par la proposition d'un cautionnement de 90 millions à exiger, à l'occasion du renouvellement du privilége de la Banque de France.

Présentées par J. OUVRARD, en avril 1818.

Depuis le rétablissement du pouvoir légitime en France, j'ai fait régulièrement, chaque année, pendant la session des Chambres, hommage au gouvernement de mes méditations et de mes travaux sur la restauration des finances et du crédit public; et je crois avoir concouru, à force de persévérance et de soins, à faire prévaloir le seul système de crédit qui pût empêcher l'État de succomber sous le poids des charges énormes que les événemens de 1815 avoient ajoutées à celles précédemment existantes; mais ce crédit naissant est environné de dangers et d'obstacles; il a besoin pour croître et pour se fortifier, de tous les secours que peut lui procurer la sagesse du Monarque et des Chambres; et c'est en signalant un nouveau

1

mòyen de protéger son enfance et son développement que je terminerai ces observations.

PREMIÈRE ÉPOQUE.

Mai 1814.

Au mois de mai 1814, peu .de jours après la réintégration de S. M. Louis XVIII sur le trône de ses pères, j'adressai à son ministère, un mémoire sur les finances dont le début étoit conçu ainsi qu'il suit·:

« C'est dans les finances que se trouve aujourd'hui le res-
« sort principal de l'action du pouvoir souverain. C'est là que
« la sagesse et la prévoyance du prince puisent tous les moyens
« de force, de justice, d'indépendance, d'amélioration et de
« bonheur, propres à assurer la tranquillité et à consolider la
« puissance de l'Etat.

« Sous les rois., prédécesseurs de Louis XVI, et avant la fin
« de son règne, la vénération des peuples avoit toujours été,
« même au milieu des plus grandes détresses, un rempart suf-
« fisant pour le maintien de l'autorité royale ; et jamais on
« n'avoit attaché le salut et l'existence de l'Etat à la conduite
« et à la manutention des finances. Elles furent en ruine dans
« les dernières années du règne de Louis XIV, et la toute
« puissance du monarque resta la même. Sous la régence, le
« système de Law ébranla toutes les fortunes, sans ébranler
« l'autorité exercée alors au nom d'un roi mineur : malgré les
« époques de discrédit et de suspension qui ont suivi la guerre
« malheureuse, terminée en 1763, le règne de Louis XV n'en
« a pas été moins paisible ; il y avoit des dommages et des
« malheurs particuliers, mais la tranquillité publique n'étoit pas
« troublée.

« Peu après l'avénement de Louis XVI à la couronne, la

« guerre d'Amérique exigea des efforts extraordinaires et coûta
« des sommes immenses. La France étoit dans toute sa vigueur ;
« la prospérité de son commerce et de ses colonies, et près
« de vingt années de paix continentale, avoient porté au plus
« haut degré sa population et ses richesses : il n'étoit pas dif-
« ficile de mettre son crédit en activité et en valeur ; mais le
« choix des moyens n'étoit pas indifférent, et l'usage de ce
« crédit devoit être accompagné de précautions suffisantes pour
« en ménager la conservation et la durée. M. Necker créa le
« système des emprunts, partie en rentes viagères, partie en
« loterie, ou sous la condition de remboursement à époques
« fixes ; il ne fonda aucun amortissement ; ses successeurs, à
« son exemple, adoptèrent et étendirent ces deux modes d'em-
« prunt sans amortissement ; l'Etat s'obéra, le crédit s'anéan-
« tit, le déficit, quoique facile à combler, devint une arme
« puissante dans les mains des factieux, et le trône fut renversé.

« Les assignats, les mandats, la banqueroute, les confisca-
« tions ont successivement alimenté et soutenu les assemblées
« constituante, législative, conventionnelle et le gouvernement
« directorial.

« Les conquêtes, les contributions étrangères, les réquisi-
« tions, le monopole, les impositions excessives ont fait les frais
« du gouvernement de Bonaparte, comme consul et comme
« empereur.

« Aujourd'hui la France commence une nouvelle ère en
« finance comme en politique, et elle a le bonheur d'avoir pour
« souverain un prince doué de grandes lumières ; il cherchera
« à instituer ses finances sur des bases solides, à fonder le crédit
« de l'État, et à assurer, pour le présent et pour l'avenir, les
« moyens de faire face, avec exactitude et sans entraves, à toutes
« les dépenses publiques, ordinaires et extraordinaires, même
« au paiement des créances légitimes que le dernier gouverne-
« ment a laissées en souffrance.

« Le retour de la paix et la nouvelle circonscription de la
« France vont produire de grands changemens dans la recette
« comme dans la dépense de son gouvernement ; mais la dette
« arriérée reste la même ; et comme elle est considérable, c'est
« une tâche délicate à remplir que celle d'y faire face avec les
« ménagemens dus aux contribuables, après tant d'années de
« souffrances et de malheurs. »

Après avoir présenté dans ce premier mémoire le tableau des
dépenses ordinaires de la France et des moyens d'y pourvoir
sans surcharge pour les contribuables, et en allégeant même la
contribution foncière, j'exposois qu'il y avoit encore à satisfaire
aux objets suivans ; savoir :

1º. Le paiement de l'arriéré et des dettes légitimes contractées
par le précédent gouvernement ;

2º. La formation d'un fonds d'amortissement proportionné à
l'importance de la dette publique ;

3º. L'indemnité à accorder aux émigrés dont les biens avoient
été confisqués et vendus.

« Dans le plan qui sera adopté, disois-je (1), il faut embrasser
« le passé, le présent et l'avenir ; des dispositions partielles, des
« demi-mesures, des palliatifs replaceroient, chaque année, le
« trésor dans de nouveaux embarras, et fourniroient aux mal-
« veillans des prétextes pour contrarier la marche et décrier les
« opérations d'un gouvernement dont ils pourroient bientôt
« signaler la détresse.

« En se rendant aujourd'hui à elle-même un compte public
« de sa situation, la France donne, en quelque sorte, son bilan
« au monde entier ; tous les États, tous les particuliers, étran-
« gers ou sujets, appelés à avoir des relations avec son gouver-
« nement, ont les yeux ouverts sur le choix des moyens qu'elle
« mettra en usage pour opérer sa libération et pour faire face

---

(1) Page 14 du Mémoire.

« à ses dépenses. Sa puissance et son crédit sont intéressés aux
« arrangemens qu'elle va prendre , aux obligations qu'elle s'im-
« posera , aux ressources qu'elle s'assurera ; et la sécurité de sa
« position en finances deviendra pour elle un gage de confiance
« et de respect. . . . .
. . . .
. . « Cette considération , ajoutois-je (1) , est d'une grande
« importance , dans un moment où la situation des divers États
« de l'Europe invite à préférer pour la direction et le placement
« des capitaux disponibles, ceux dont les finances sont le mieux
« ordonnées; et sans attaquer ici la foi due aux engagemens de
« telle ou telle puissance accoutumée à faire usage du crédit,
« il n'en est aucune qui, comme la France , soit aujourd'hui la
« maîtresse d'en poser les fondemens sur des bases visibles et
« inébranlables. »

Et voici les principes que je manifestois sur chacun des trois
objets de délibération dont je viens de parler.

1°. SUR L'ARRIÉRÉ

et sur le mode de son acquittement.

« Ce mode d'acquittement, disois-je, (2) doit être celui qui
« embrassera toutes les conditions de la plus parfaite libération.

« En droit strict et à la rigueur, c'est le paiement comptant et
« en espèces qu'il faudroit proposer , puisque tout est échu et
« exigible.

« Mais la nécessité d'ajourner étant reconnue , il faut bien
« céder à la force majeure, et il ne reste plus qu'à chercher
« l'équivalent d'un paiement comptant, et à faire ensorte que

---

(1) Page 15 du Mémoire.
(2) Page 16 du Mémoire.

« la valeur à donner en remboursement procure, dès à présent,
« au créancier, le moyen de faire honneur à ses affaires, et
« qu'en définitif, cette valeur lui assure une somme égale au
« montant de sa créance.

« Ce double but se trouveroit rempli par le procédé sui-
« vant. »

Le procédé que j'indiquois alors sous le titre d'inscriptions
accompagnées de *bons supplémentaires* est, au fond, absolument
le même que celui qui a été adopté, en définitif, par la loi sur
les finances du 25 mars 1817, sous le titre de *reconnoissances de
liquidation* remboursables à des époques déterminées en argent
ou en rentes au cours. (a)

« Il est impossible, disois-je (1), de désintéresser plus com-
« plétement les créanciers de l'arriéré; et à moins de les rem-
« bourser, dès à présent, en numéraire, il n'existe aucun autre
« moyen de leur procurer un paiement égal à de l'argent comp-
« tant : car, dès le lendemain de leur liquidation, ils peuvent se
« servir, comme gage, soit des inscriptions, soit des bons sup-

---

(a) La seule différence qui existe entre le mode de remboursement en inscriptions avec des *bons supplémentaires*, tel que je le proposois, et le mode
de remboursement en *reconnoissances de liquidation* tel qu'il a été adopté
par la loi du 25 mars 1817, consiste dans la forme extérieure du titre à délivrer. — Dans mon plan, ce titre devoit se diviser en deux, dont l'un eût
été l'inscription elle-même, et l'autre un *bon* séparé *au porteur*, contenant
promesse de payer aux mêmes époques déterminées pour le paiement des
reconnoissances de liquidation, la différence qui existeroit entre la valeur
du $\frac{1}{3}$ consolidé au cours de la place, et le montant véritable de la créance
liquidée et représentée par une inscription, de manière à compléter le remboursement de la créance *au pair* et *sans perte*. — Dans le plan adopté par
la loi du 25 mars 1817, on ne doit délivrer qu'un seul titre appelé *recon-
noissance de liquidation*, mais qui doit également se résoudre, en définitif,
en un remboursement *intégral* et *sans perte*, en numéraire ou en rentes au
cours.

(1) Page 18 du Memoire.

« plémentaires qui leur auront été délivrés ; et le prêteur n'au-
« ra pas à craindre l'insuffisance ou le dépérissement du gage ,
« puisqu'en dernière analise , il doit se résoudre en espèces sans
« aucune perte. »

2°. SUR LA FORMATION

d'un fonds d'amortissement.

Je prenois alors pour point de départ une dette publique de
120 millions de rentes perpétuelles (évaluation dont les contributions étrangères établies par le traité du 20 novembre 1815 ,
ont changé tous les élémens) , et je n'arbitrois qu'à 20 millions
par an , le fonds d'amortissement nécessaire pour le maintien du
crédit ; mais j'insistois sur la plus parfaite organisation de la
caisse d'amortissement à fonder.

« Une caisse d'amortissement , disois-je , (1) doit être unique-
« ment et exclusivement occupée de l'objet de son institution ,
« et rester étrangère à toute autre entreprise. Les consignations,
« les cautionnemens , les dépôts doivent se verser au trésor ou
« dans d'autres caisses spécialement chargées de ce service. En les
« versant à la caisse d'amortissement, et faisant ensuite plusieurs
« caisses d'une seule , il arrive que l'une dispose des fonds de
« l'autre , et que, sous prétexte de cette assistance mutuelle, on
« les viole toutes l'une après l'autre , et que le but de chaque
« établissement est manqué.

« Qu'à la place de l'établissement , créé en l'an 8 , sous le nom
« de caisse d'amortissement, il soit fondé , sous la surveillance
« de commissaires choisis dans la chambre des pairs et dans
« celle des députés , une caisse d'amortissement véritable dont
« les fonctions ne consistent qu'à employer en achats de rentes

(1) Page 33 du Mémoire.

« son fonds annuel et les arrérages des rentes quelle aura ac-
« quises.

« Ce seroit même un mal, je le répète, d'éteindre la dette
« toute entière. Son existence contribue au mouvement et à la
« circulation des capitaux nécessaires à l'activité et au service
« de toutes les transactions civiles et commerciales ; et puisque
« l'intervention des prêteurs, comme auxiliaires de la fortune
« publique par l'emploi de leurs fonds particuliers, est un
« moyen de soulagement pour les contribuables, l'usage pru-
« dent et bien entendu du crédit, en procurant immédiatement
« à l'État d'abondantes ressources que l'impôt ne sauroit pro-
« duire, le dispense de recourir, dans les cas d'urgence et de
« besoins imprévus, à des contributions forcées, en venant au
« secours de l'État par la voie d'un emprunt ; l'impôt annuel ne
« s'accroît jamais que de l'équivalent de l'intérêt de l'emprunt et
« du léger fonds d'amortissement destiné à l'extinction du capital.

3°. SUR L'INDEMNITÉ

*à accorder aux Français émigrés dont les biens avoient été
confisqués et vendus.*

J'exprimois, dans les termes suivans, mon vœu pour cette
indemnité :

(1) « Le salut public et la tranquillité de l'État exigeoient que
« toutes les ventes de biens nationaux, quelle que fût l'origine
« des biens vendus, fussent maintenues et irrévocablement con-
« firmées ; c'est un des articles de la Charte constitutionnelle
« accordée par le Roi ; et par-là se trouve garantie la paisible
« possession des acquéreurs primitifs et de ceux qui leur ont
« succédé. . . . .
. . . .

(1) Pages 23, 24, 25 et 27 du Mémoire.

. . . « Il est dans l'intérêt des acquéreurs et des possesseurs ac-
« tuels de biens d'émigrés, nécessaire même au succès du plan de
« finances qu'on adoptera, quel qu'il soit, qu'outre la sanction
« donnée aux ventes de biens d'émigrés par la Charte consti-
« tutionnelle, l'État, qui a profité du prix de ces ventes, inter-
« vienne par sa générosité comme il est intervenu par sa puis-
« sance, pour consolider les adjudications qui leur ont été faites.

. . . .

. . . « La valeur que l'État a reçue par le prix des biens vendus ,
« est aussi une dette publique non moins recommandable que
« celle qui compose aujourd'hui la fortune des rentiers et des
« pensionnaires de l'État, à moins qu'on ne veuille prétendre
« que ce qui a été ravi par la force, est moins légitimement
« dû que ce qui a été prêté et confié volontairement ; il n'y
« a d'ailleurs point de force majeure, point de raison d'État qui
« prescrive la banqueroute envers cette classe particulière de
« créanciers ; et, au contraire, l'intérêt général et la paix pu-
« plique sont liés aux égards dus à leur position. . . . .

. . . .

. . . « On se fait peut-être une idée effrayante de la consistance
« des réclamations des émigrés rentrés, à cause des biens con-
« fisqués et vendus à leur préjudice ; mais si l'on considère
« que leurs principales propriétés, à Paris et dans les grandes
« villes, ont été conservées pour le service des administrations
« et des établissemens publics, et sont par conséquent resti-
« tuables en nature ; qu'une grande partie de leurs biens ruraux
« n'ayant pu se vendre dans les premières années de la révo-
« lution, à cause de la répugnance générale à ce genre d'acqui-
« sition, tant qu'il y a eu d'autres biens nationaux à vendre,
« un grand nombre de Français, bien ou mal à propos inscrits
« sur les listes d'émigrés, en ont été rayés depuis long-temps,
« et ont repris possession de leurs biens non vendus ; qu'enfin,
« sur le prix de ceux qui ont été vendus ; il y auroit à déduire les

2

« dettes dont ils étoient grevés, et dont la liquidation a été faite,
« on trouvera qu'il seroit raisonnable de fixer la valeur des biens
« libres dont l'État a reçu le prix, à 400 millions.

« A ce compte, il y auroit à indemniser les propriétaires
« dépouillés sur le pied du revenu ordinaire des terres et biens-
« fonds, toutes charges déduites, ou en retranchant encore,
« dans l'appréciation, le produit des droits féodaux supprimés;
« et ce seroit porter ce revenu à un taux raisonnable, que de
« l'estimer à 3 pour cent du capital; ce qui, sur 400 millions,
« donneroit une rente de 12 millions.

« Cette indemnité devant être considérée comme faisant partie
« de la dette arriérée, seroit payée de la même manière que les
« sommes dues aux créanciers de l'arriéré; et elle seroit réglée
« sur le pied de l'estimation qui seroit faite des biens vendus,
« soit d'après l'imposition foncière, soit d'après les baux à ferme,
« soit enfin d'après l'expertise qui seroit ordonnée, en cas de
« nécessité, notamment pour les bâtimens.

Telle étoit la doctrine que je soumettois aux ministres du Roi
en 1814, avant la présentation du budget; mais rien de ce que
je proposois ne fut accueilli; et, contre tous les principes élé-
mentaires du crédit, le ministre des finances (M. le baron Louis),
après avoir annoncé un arriéré de 759 millions à combler, au
lieu d'adopter pour l'acquittement de cet arriéré une création
de rentes perpétuelles garantie par un fonds d'amortissement,
chargea l'État du remboursement total des 759 millions, dans
l'espace de trois ans, plus de l'intérêt, à raison de 8 pour cent
par an; il ne fut pas même question, dans son plan, de la fondation d'une caisse d'amortissement.

Vainement avois-je dit (1) :

« Grever un État, quel qu'il soit, d'un remboursement de

_____

(1) Page 35 du Mémoire.

« plusieurs centaines de millions , à échéances fixes, c'est aller
« aveuglément au-devant d'une suspension et de tous les dé-
« sordres qui en sont la suite.

    « La fortune publique ne se compose que de revenus; elle n'a
« pas de capitaux aliénables et disponibles ; c'est donc contra-
« rier sa nature et lui imposer des obligations inexécutables que
« de l'engager par des emprunts exigibles en capital , à des épo-
« ques déterminées.

    « L'État ne peut employer à sa libération que ses rentrées an-
« nuelles ; et la presque totalité de ces rentrées n'étant formée
« que par des impôts , les égards dus aux contribuables ne
« permettent d'en prélever , chaque année , qu'une portion pour
« l'acquittement de la dette. Il suit de là que le seul mode
« d'emprunt convenable est celui d'une constitution de rentes,
« dont le capital soit aliéné à perpétuité.

    Le ministre parvint à faire adopter de confiance le plan qu'il
avoit conçu et qui devint la matière de la loi sur les finances,
du 23 septembre 1814 (a).

    Les malheurs survenus en 1815 , rendent aujourd'hui superflu
l'examen du système adopté par la loi du 23 septembre 1814;
j'en avois présenté les conséquences dès le mois d'octobre de la
même année, dans des observations additionnelles remises également alors aux ministres du Roi; mais il y eut bientôt nécessité de reprendre, sous œuvre, l'édifice de la fortune publique,
et d'élargir la base du système de finances, en raison de l'accroissement de charges résultant du traité du 20 novembre 1815.

    (a) Je dois faire remarquer ici , dès à présent, parce que ce sera le sujet
d'une discussion particulière dans le cours de ces observations, que dans l'arriéré de 759 millions annoncé par M. le baron Louis , se trouvoient com-
prises, sans aucune distinction, les créances antérieures à 1810, et celles
contractées postérieurement.

DEUXIÈME ÉPOQUE.

Session des Chambres terminée par la loi sur les finances , du 28 avril 1816.

« Tout est changé, disois-je (1), depuis un an, dans la situation
« politique et financière de la France, et son gouvernement ne
« sauroit commettre, sans le plus grand danger, les mêmes
« erreurs et les mêmes fautes qu'en 1814. . . . . . .

. . . .

« C'est, pour ainsi dire, au milieu de ruines qu'il faut procéder
« pour relever l'édifice de la fortune publique ; et ce sont surtout
« les contributions étrangères qui rendent la tâche de l'adminis-
« tration des finances plus délicate et plus pénible qu'elle ne l'a
« été en France à aucune époque. Nous avons, de plus qu'en
« 1814, à payer aux étrangers 700 millions en numéraire dans
« l'espace de cinq ans, et 130 millions par an pendant trois ans
« au moins, pour l'entretien de 150,000 hommes de garnison ;
« et à une époque où la balance du commerce est déjà contre la
« France, ce n'est plus par comparaison avec les revenus ordi-
« naires de l'Etat qu'il faut juger de l'énormité d'une telle con-
« tribution, c'est par le retranchement qu'elle opère sur les
« moyens de circulation et de reproduction dont elle privera les
« sujets de l'État. Un impôt ordinaire, quel qu'il soit, n'est,
« quant à la circulation intérieure, qu'un déplacement momen-
« tané d'espèces ; à peine est-il entré dans les coffres du trésor
« qu'il retourne aux caisses particulières et dans les mains des
« contribuables eux-mêmes, par le paiement des dépenses du
« Gouvernement; et, en dernière analyse, rien n'est perdu pour

---

(1) Page 11 du Mémoire présenté au Roi et à la commission de la Chambre des Députés, chargée de l'examen du budget de 1816.

« le service général des transactions et des procédés du com-
« merce ; mais il n'en est pas ainsi d'un tribut exportable à
« l'étranger ; il ne peut pas s'acquitter sans diminuer la masse des
« moyens d'échange nécessaires à la circulation intérieure, et
« par conséquent la richesse de l'ÉTAT proprement dit, abstrac-
« tion faite du FISC, qu'il ne faut jamais confondre avec l'ÉTAT,
« quoique leurs intérêts soient communs : ce que les gouvernés
« payent à leur gouvernement, ils le payent, pour ainsi dire,
« à eux-mêmes ; mais ce qu'ils payent à un gouvernement étran-
« ger, est perdu pour eux. En un mot, l'impôt bien réparti,
« bien employé, donne la vie et la force à l'État : le tribut
« l'énerve et le ruine.

« *Tentative d'emprunt à l'étranger.*

« Ces considérations m'avoient engagé à chercher un expé-
« dient capable de diminuer ou de ralentir le dommage de l'ex-
« portation de 700 millions, à payer en cinq ans aux puissances
« alliées, en vertu du traité du 20 novembre dernier ; ce ne
« pouvoit être qu'en faisant intervenir, comme prêteurs, les
« étrangers eux-mêmes pour l'acquittement de cette contribu-
« tion, et en faisant agréer à ces prêteurs leur paiement en
« rentes sur l'État ; alors il n'y auroit point eu de capital à dé-
« bourser par les contribuables ; il n'y auroit eu qu'un surcroît
« d'impôts à établir pour le paiement des nouvelles rentes et
« pour leur amortissement graduel.

« J'avois réussi à ouvrir, sur cette base, une négociation avec
« une maison étrangère, assez puissante pour contracter et pour
« remplir un semblable engagement ; la situation financière de
« la plupart des puissances alliées auroit facilité des compensa-
« tions favorables à l'exécution du projet, mais il falloit leur
« concours unanime, et ce concours a manqué. *On peut espérer,*

« disois-je , *de renouer plus tard , sous d'autres formes , cette*
« *opération salutaire* (a) , pour une portion quelconque des
« contributions promises ; mais dans l'état actuel des choses ,
« c'est dans le sein de la France elle-même que nous avons à
« puiser les moyens de libération.

« Nous pouvons et nous devons encore , malgré tous nos dé-
« sastres , espérer et prétendre , même sous le rapport de nos
« finances , à la considération des autres États , et faire succéder
« à la gloire des armes , sujette à tant de revers , la gloire moins
« brillante , mais plus féconde en résultats heureux , de la sagesse
« dans les conseils et de la bonne foi dans l'exécution des enga-
« gemens. Prête , en apparence , à succomber sous le poids de
« ses maux , la France saura faire sortir de cet état même d'ac-
« cablement et de malheur , un plan de libération , d'ordre et de
« fidélité , qui fondera son crédit sur des bases inébranlables ,
« et la replacera, selon le vœu des puissances alliées elles-mêmes,
« au rang des nations heureuses et puissantes.

« Je crois qu'il est encore possible , comme il l'étoit en 1814 ,
« de proposer au Roi et aux deux Chambres des mesures de
« finances qui embrasseront tout à la fois ,

« 1º. Le soulagement des contribuables ;

« 2º. La sûreté des créanciers de l'Etat, quels qu'ils soient ;

« 3º. Le rétablissement ou plutôt la création du crédit pu-
« blic ;

« 4º. Et enfin l'aisance des procédés de l'administration.

« C'est là la tâche que je me suis imposée dans la recherche
« et la formation du plan de finances que je présente , et dont
« j'ose penser que l'admission mettroit la France en état :

« 1º. De payer tout ce qu'elle doit sans rien faire perdre ;

« 2º. De se dégager absolument des réclamations de tout le
« passé ;

(a) J'ai réalisé cette espérance un an plus tard.

« 3°. De diminuer, dès à présent, les impôts, et notam-
« ment les contributions directes;

« 4°. D'ajourner la vente des bois de l'Etat, et d'en réserver
« la ressource, comme palladium de crédit;

« 5°. De regarder et retenir, comme réserve particulière
« et comme recette auxiliaire, le produit de la vente des biens
« des communes et des biens cédés à la caisse d'amortissement;

« 6°. Enfin, de fonder un crédit public, et d'associer les
« intérêts particuliers à l'intérêt général.

« Tous ces bons effets ne sauroient être obtenus sans assu-
« rer, en même temps, l'accomplissement inviolable des enga-
« gemens pris envers les puissances étrangères, et elles ver-
« ront, je l'espère, dans l'adoption du nouveau régime de
« finances, dans l'évidence des ressources qu'il présente, et
« surtout dans la bonne foi qui présidera à leur emploi, une
« garantie non moins sûre et plus conforme à leurs vœux que
« celle que peut leur donner l'attitude menaçante qu'elles con-
« servent sous les étendards de l'amitié et de la paix. »

Je reproduisis, dans ce second Mémoire, le plan de consolidation déjà indiqué dans celui de 1814, sous le titre d'inscriptions accompagnées de *bons supplémentaires*, et qui, comme
je l'ai dit, a été adopté et réalisé, en 1817, sous le titre de
reconnoissances de liquidation.

« C'est à une consolidation vraiment digne de ce nom, disois-je (1), qu'il faut avoir recours; et j'entends, par-là, celle
« qui, au moment même de la conversion en rentes sur l'État,
« des dettes qu'on veut acquitter de cette manière, leur assure
« une valeur égale au capital représenté par les rentes, et qui
« garantisse aux créanciers, qu'à une époque déterminée, ils
« seront les maîtres de réaliser et de se procurer, sans perte,
« la rentrée de ce capital.

---

(1) Page 14 du Mémoire de 1816.

« La rigoureuse obligation seroit, je le sais bien, de payer
« en argent comptant tout ce qui a un caractère exigible et
« qu'on nomme *arriéré*, quelle qu'en soit l'origine ; mais tout
« le monde est forcé de convenir que cela est impossible ; et
« tout le génie des créateurs de plans de finances, toutes leurs
« méditations ne sauroient tendre qu'à gagner , par un procédé
« quelconque, le temps nécessaire pour accréditer et faire ré-
« soudre en argent, sans aucune perte, les valeurs données
« en paiement aux créanciers de l'Etat. Si on renonce au se-
« cours du temps, il n'existe plus aucun moyen de paiement
« complet et intégral. Le grand art en cette matière, le véri-
« table secret à trouver, c'est de donner, dès à présent, aux
« créanciers toujours pressés de recevoir, une valeur dont ils
« puissent faire usage dans leurs affaires par des emprunts ou
« autrement, d'attacher à cette valeur l'intérêt ordinaire , et
« d'assigner une époque précise à laquelle les créanciers nan-
« tis de la valeur donnée en paiement, puissent la réaliser sans
« perte, ou recevoir, en cas de perte, la différence qui leur
« reviendra.

« Toute autre mesure, après celle de payer comptant, seroit
« une banqueroute qui rendroit le rétablissement ou la créa-
« tion du crédit public impossible.

Plus loin, j'ajoutois : (1)

« Si, contre toute attente, l'aspect du bon état et de la
« bonne administration des finances, et celui de notre libé-
« ration successive n'avoient pas déjà opéré, aux approches de
« l'échéance des *bons supplémentaires*, une grande améliora-
« tion dans le cours de nos fonds, la tâche du Gouvernement
« seroit alors de seconder, par quelque puissant moyen, l'ac-
« tivité et les efforts de la caisse d'amortissement, et de faire

(1) Page 17 du Mémoire de 1816.

« rentrer dans les mains de l'Etat, toutes les parties de la dette
« publique, dont le flottement sur la place nuiroit à l'éléva-
« tion du prix des fonds.

« Ce moyen puissant et efficace se trouveroit, au besoin,
« dans le prix de *tout ou partie des bois de l'Etat* que rien n'o-
« blige de faire vendre à présent, mais dont la vente, à l'époque
« dont je parle et dans le cas prévu, auroit une véritable uti-
« lité, puisqu'elle tendroit à racheter à bas prix une partie de
« la dette publique, et à éteindre gratuitement par l'élévation
« du prix des rentes, la valeur des *bons supplémentaires.* »

J'indiquois également, dans ce mémoire, les moyens de
pourvoir aux dépenses ordinaires de 1816, en diminuant le
taux de la contribution foncière, et j'y discutois encore les
trois principaux sujets de délibération que j'avois traités dans le
mémoire de 1814, savoir; l'arriéré et le mode de son acquittement, la création d'un fonds d'amortissement, et le paiement
des indemnités dues aux émigrés dépossédés.

La dette publique perpétuelle devoit s'élever alors, selon
mon plan, à 160 millions de rentes ; en conséquence, je
portois à 40 millions (au lieu de 20 millions demandés dans le
premier Mémoire), le fonds d'amortissement annuel et fixe à
établir ; et voici les termes dans lesquels je m'expliquois de
nouveau, sur la fondation de la caisse d'amortissement.

(1) « J'ai indiqué dans mon Mémoire du mois de mai 1814,
« page 33, les principes qui doivent présider à la fondation
« d'une caisse d'amortissement, la nécessité de restreindre ses
« opérations aux seuls procédés de l'amortissement de la dette
« par des rachats journaliers, et le danger de mêler à cette
« fonction simple et salutaire, celle de recevoir des dépôts, des
« cautionnemens, des consignations, et de confondre ainsi des
« comptabilités de différentes natures. . . . .

(1) Page 40 du Mémoire de 1816.

« Dans le plan du ministre , la caisse d'amortissement qu'il
« établit est encore autorisée à recevoir des dépôts , des centimes
« additionnels , à ouvrir des comptes , à payer des intérêts , à
« employer des fonds étrangers à l'objet de son institution , et
« par conséquent à compliquer son administration , même à
« courir des risques.

« J'estime qu'à raison même de la haute surveillance que les
« deux Chambres exercent sur la caisse d'amortissement par l'en-
« tremise des membres que le Roi aura nommés sur leur pré-
« sentation , et auxquels il seroit convenable d'adjoindre le gou-
« verneur de la Banque de France, il faut que la plus grande
« simplicité règne dans son administration et dans sa comptabi-
« lité , afin que la lumière se répande facilement, et au premier
« coup d'œil, sur les œuvres de cette caisse et sur les progrès
« de l'amortissement.

« Dans le plan du ministre, le fonds d'amortissement n'a été
« fixé qu'à 14 millions par an , à prendre sur le produit des pos-
« tes; mais aussi ce fonds ne devoit être applicable qu'à l'ex-
« tinction de 77 à 78 millions de rentes.

« Dans mon projet, l'amortissement s'étendra à 163 millions
« 638 mille 843 fr. 80 cent. de rentes, dont, à la vérité, une
« partie ne sera constituée que successivement, dans l'espace de
« cinq ans; mais j'ai dû néanmoins consacrer à leur amortisse-
« ment un fonds plus considérable que celui indiqué par le mi-
« nistre, et j'ai porté ce fonds à 40 millions par an. »

Mais outre ce fonds annuel et fixe de 40 millions, j'indiquois
encore les bois de l'État comme fonds de garantie en réserve
pour la plus parfaite consolidation de la dette publique.

« 40 millions d'amortissement par an, éteindront, disois-je (1),
« en vingt ans, au cours de 80 pour cent, 95 millions de rentes.

(1) Pages 43 et 44 du Mémoire de 1816.

. . . . « Et s'il étoit possible de méconnoître l'effet inévitable
« que doivent produire sur la valeur des rentes toutes les cir-
« constances et toutes les précautions dont j'ai parlé, et qu'il
« restât encore quelque doute sur le mérite et la solidité des
« *bons supplémentaires* remboursables du 31 décembre 1825 au
« 31 décembre 1830, toutes les incertitudes cesseroient à l'as-
« pect du fonds de réserve que l'État garde en ses mains par la
« retenue des bois dont la vente devoit avoir lieu, selon la loi
« du 23 septembre 1814, et le projet de loi proposé en décem-
« bre dernier.

« Je suppose qu'en 1825, le cours des rentes ne se soit pas
« assez amélioré, c'est alors qu'intervient, comme puissant et
« irrésistible auxiliaire, le prix à provenir de la vente jusqu'alors
« suspendue de 400 mille hectares de bois de l'État.

« Ce prix sera employé en achats de rentes destinées à for-
« mer pour l'État un fonds de réserve dont on ne sauroit assez
« signaler l'importance.

« L'emploi successif, dans le cours de quelques années, d'une
« somme de 3 ou 400 millions, telle qu'on espère l'obtenir par
« la vente des bois, absorberoit, au cours de 60 pour cent, 25 à
« 30 millions de rentes; la caisse d'amortissement en auroit déjà
« éteint plus de 30 millions, et la dette publique restant dans
« les mains des rentiers et des capitalistes, nationaux ou étran-
« gers, seroit réduite à 90 millions environ, sans que le fonds
« d'amortissement eût diminué; en sorte, que dans les dix an-
« nées subséquentes, elle décroîtroit encore de 40 millions.

« Certainement, l'emploi d'une somme aussi forte en acqui-
« sition de rentes, aux approches de la première échéance des
« bons supplémentaires, doit élever bien près du pair, si elle
« ne l'y porte pas tout-à-fait, la valeur des fonds publics, et ré-
« duire ainsi à bien peu de chose la différence représentée par
« les bons supplémentaires; mais quelle que soit cette différence,
« les rentes achetées avec le produit de la vente des bois seroient

« plus que suffisantes pour l'acquittement des bons supplémen-
« taires.   .   .   .   .

.   .   .   .

.   .   « Je ne peux trop redire, en terminant ce Mémoire (1)
« combien il est consolant de penser qu'au moment même où
« une masse effrayante de tributs, de dettes et d'impôts s'offre
« à nos yeux, comme un obstacle invincible au retour prochain
« de l'aisance et du bonheur, on peut trouver encore*, dans de
« bonnes mesures de finances, le moyen de s'acquitter fidèle-
« ment en diminuant les impôts dès à présent.   .   .   .

La loi sur les finances, rendue le 28 avril 1816, adopta la fondation d'une caisse d'amortissement; mais au lieu de 40 millions,
elle en limita le fonds annuel à 20 millions, et elle n'assigna
d'ailleurs à cette caisse aucun autre fonds subsidiaire.

La même loi reconnut, sous le titre d'arriéré antérieur au
premier janvier 1816, tant les créances antérieures au premier
avril 1814, que les dépenses restant à acquitter sur le service
des neuf derniers mois de 1814 et sur l'exercice 1815, en excédant des recettes de ces deux exercices.

Mais au lieu d'adopter, dès-lors, la création des reconnoissances de liquidation remboursables, sans perte, à des époques
déterminées, elle ordonna le remboursement de l'arriéré en
simples reconnoissances produisant intérêt à 5 pour cent, échan-
geables contre des inscriptions au grand livre de la dette publique; et elle ajourna à la session de 1820, le mode à établir pour
l'acquittement de celles de ces reconnoissances qui n'auroient pas
été inscrites à cette époque.

Une création de cautionnemens et un crédit de 6 millions de
rentes ouvert sur le grand livre au ministre des finances, furent
adoptés comme moyens de combler le déficit résultant des charges extraordinaires de 1816.

---

(1) Page 46 du Mémoire de 1816.

Cette loi ne renfermoit d'ailleurs aucunes mesures pour le
service des années ultérieures à 1816, et pour l'acquittement
des contributions étrangères à payer de 1817 à 1820

TROISIÈME ÉPOQUE.

Du 28 avril 1816 au 25 mars 1817.

Il m'étoit démontré qu'en laissant les choses dans cet état, il
seroit impossible d'arriver jusqu'en 1817 sans interrompre tous
les services, et d'avoir rien à proposer dans la session prochaine
pour l'acquittement des charges, tant ordinaires qu'extraordinaires.

Cependant, au premier signal de la suspension de nos paiemens, au moindre retard dans le service journalier des contributions étrangères, l'armée d'occupation étoit prête à se ré-
pandre sur toutes les parties du territoire français, et personne
ne disoit par quels moyens nous pourrions être préservés d'un
tel malheur.

Toutes les personnes qui s'occupoient de finances et de crédit
public, ne regardoient pas alors comme possible la libération de
l'État envers les puissances étrangères, par des émissions de
rentes ou par des emprunts sous une forme quelconque. On ne
trouvoit pas même à placer les 6 millions de rentes dont la loi
du 28 avril 1816 avoit ouvert le crédit (a).

Je ne partageois pas ce découragement; et me reposant, au
contraire, sur les garanties dont il étoit possible d'environner la

---

(a) Ces 6 millions de rentes n'avoient été vendus que pour une foible partie, avant l'ouverture de la négociation des 3o millions de rentes créés pour
le service de 1817 ; la vente n'en put avoir lieu que par l'effet du crédit que
produisit la négociation pour l'emprunt.

dette publique en France , j'étois convaincu que , pour sortir de l'état alarmant où on étoit placé, il ne falloit qu'une création de rentes proportionnée à l'étendue de nos besoins , mais dont le placement, au moins en partie , se fît à l'étranger et par l'entremise de maisons étrangères.

Je ne désespérai pas de transmettre la confiance dont j'étois pénétré aux deux maisons recommandables qui figurent avec tant d'éclat dans le monde commerçant, la maison *Baring* de Londres et la maison *Hope* d'Amsterdam , et j'étois certain que , leur assistance une fois obtenue, on verroit bientôt, à leur invitation et à leur exemple , de nombreux capitalistes , soit dans l'étranger , soit en France , se disputer la faveur d'avoir part aux rentes de la nouvelle création.

Le volume même des rentes à créer, loin d'être un sujet d'effroi, me paroissoit être le seul moyen propre à balancer, par l'importation des capitaux étrangers qui y seroient employés , le dommage résultant des contributions à faire passer au dehors.

Dans un premier voyage à Londres , au mois de mai 1816, je sondai les dispositions de MM. Hope et Baring ; je mis sous leurs yeux le tableau de situation de nos finances ; je fis valoir les mesures prises par la loi du 28 avril 1816 pour la restauration du crédit ; et dans les propositions que je soumettois à leur délibération , j'embrassai le paiement de toutes les charges étrangères que la France avoit à acquitter , en vertu du traité du 20 novembre 1815 , jusqu'en l'année 1821.

Je prenois alors pour base de l'opération de crédit que j'avois en vue le plan de création de BONS SUPPLÉMENTAIRES , tels que je les avois indiqués dans mon Mémoire du mois de février 1816, et je cherchois à obtenir , au moyen de ces bons supplémentaires , le prix fixe de 65 pour cent pour les rentes dont la création deviendroit nécessaire à notre entière libération.

De retour à Paris , je communiquai aux ministres du Roi l'espérance fondée que j'avois de réaliser , par une création de rentes sur l'État, toutes les sommes dont le trésor public auroit besoin pour son service, tant ordinaire qu'extraordinaire.

Le ministre des finances, M. le comte Corvetto, s'occupoit alors, de son côté, des moyens d'obtenir des principales maisons de banque de Paris et de l'intérieur, une assistance semblable à celle que j'avois cru devoir chercher auprès des maisons étrangères ; et le recours à des capitalistes français eût été bien plus conforme à son vœu personnel, s'il les eût trouvés disposés à seconder ses vues, ou que l'empire des circonstances n'eût pas enchaîné leur bonne volonté.

Néanmoins, je fus autorisé à continuer mes efforts pour parvenir à la réalisation de l'emprunt au cours de 70 pour cent; et au mois de septembre 1816, les négociations officielles commencèrent à s'engager.

Les mois d'octobre, novembre et décembre se passèrent en communications de ma part, tant avec les maisons Hope et Baring, qu'avec les ministres du Roi, les mandataires des puissances alliées et le commandant général en chef de l'armée d'occupation.

J'eus à discuter et à résoudre toutes les objections respectivement faites, soit quant à la sûreté des prêteurs, soit sur le prix auquel se délivreroient les rentes nouvelles, en les accompagnant de BONS SUPPLÉMENTAIRES, et les choses avoient été amenées au point, qu'en effet nos charges étrangères seroient couvertes par une création de rentes au cours de 70 pour cent, en y joignant 30 pour cent en bons du trésor, pour le complément à des époques déterminées, de la différence du cours des rentes à leur valeur au pair, en partant du cours de 70.

Ce fut alors que, sous l'approbation du gouvernement, je remis à M. le duc de Wellington, sous la date du 8 janvier 1817, une note officielle qu'il voulut bien se charger de présenter à la conférence tenue à cette occasion par les représentans des puissances alliées : cette note renfermoit la proposition dont je viens de rendre compte, jusqu'à concurrence de 30 millions de rentes ; et j'y annonçois avec confiance que si cette proposition étoit acceptée , le cours des rentes ne tarderoit pas à s'élever à 70 pour cent, même sans bons supplémentaires : l'acceptation fut en effet donnée , sauf la ratification des souverains alliés, et je fus autorisé à prier MM. Baring et La Bouchere, chef de la maison Hope, de se rendre incessamment à Paris.

Après leur arrivée , de nouvelles explications eurent lieu entre eux et les ministres du Roi; on estima que la proposition de donner des rentes à 70 pour cent, en y joignant 30 pour cent en bons supplémentaires , étoit équivalente à celle d'un prix fixe et invariable de 54 pour cent, sans bons supplémentaires , et on préféra cette fixation positive à l'éventualité résultante de la combinaison du cours de 70 pour cent, avec 30 pour cent de bons supplémentaires; mais on n'engagea d'abord qu'une partie des 30 millions de rentes , et on se ménagea ainsi un meilleur cours pour le surplus.

Mais déjà avant la remise de la note officielle à M. le duc de Wellington, le succès probable de la négociation s'étoit répandu ; la prévention dès-lors avoit fait place à la confiance ; et sans attendre l'effet que pourroit produire l'émission des rentes nouvelles, les acheteurs se présentèrent en foule, et le cours s'étoit élevé de 53 à 60 pour cent et au delà, que le traité avec les deux maisons soumissionnaires n'étoit encore qu'en proposition.

Le ministre , en apportant à l'accomplissement des stipulations du traité , cette fidélité scrupuleuse avec laquelle il remplit toutes les obligations qu'il contracte , a achevé de porter au plus haut degré , chez l'étranger comme à l'intérieur, la foi due aux promesses de notre Gouvernement.

Intervint alors la loi sur les finances, du 25 mars 1817.

Cette loi est la première qui ait posé les fondemens du crédit public.

Elle a augmenté la dotation de la caisse d'amortissement, et elle a porté son fonds annuel et fixe à la somme de 40 millions , selon le vœu que j'avois exprimé dans mon mémoire du mois de février 1816 (1).

Elle a affecté à cette caisse tous les bois de l'État au delà de la quantité nécessaire pour former 4 millions de rentes, en faveur des établissemens ecclésiastiques.

Elle a statué que les RECONNOISSANCES de LIQUIDATION délivrées ou à délivrer aux créanciers de l'ARRIÉRÉ, seroient négociables et payables au porteur, tant pour le principal que pour les intérêts, et qu'elles seroient remboursables intégralement, à commencer en 1821, et par cinquième, d'année en année, en numéraire ou en inscriptions de rentes au cours moyen des six mois qui auroient précédé l'année du remboursement.

Enfin, d'après la connoissance des soumissions obtenues par mes soins pour le placement de rentes nouvelles sur l'État, à un prix rapproché du cours de la place, elle a autorisé le *ministre des finances à faire inscrire jusqu'à concurrence de 30 millions de rentes par des emprunts ou négociations dont le produit seroit applicable au service de 1817 et années suivantes* (a).

_____

(1) Page 40 du Mémoire de 1816.

(a) C'est dans cette loi du 25 mars 1817 que, sur un amendement proposé par un membre de la Chambre des députés, au moment où on alloit voter sur l'ensemble de la loi, il fut statué, contre le texte et le sens des lois précédentes, contre le vœu de la commission du Budget, et malgré l'opposition du ministre des finances, que les créances de 1809 et années antérieures jusques et compris l'an 9, seroient distinguées des autres parties de l'arriéré, et remboursables en rentes, valeur nominale, et non en reconnoissances de liquidation.

4

QUATRIÈME ÉPOQUE.

Du mois de mars 1817 au mois de mars 1818.

En vertu de la loi du 25 mars 1817, les 30 millions de rentes dont elle avoit ouvert le crédit au ministre, ont été successivement délivrés aux soumissionnaires, et le prix en a été réglé, savoir :

Pour une première partie sur le pied de. . . 55 $\frac{0}{0}$

Pour une deuxième partie sur le pied de. . . 58 $\frac{0}{0}$

Pour une troisième partie sur le pied de. . . 64 $\frac{0}{0}$

(sauf la déduction d'une commission de 2 $\frac{1}{2}$ $\frac{0}{0}$ et de
la valeur d'un semestre de jouissance.)

Et enfin pour une dernière partie de 2 mil-
lions de rentes à. . . . . 64 $\frac{1}{2}$ $\frac{0}{0}$

C'est-à-dire, comme je l'avois prévu, dans une progression
toujours croissante à mesure d'émission nouvelle, en sorte que
j'avois réellement eu raison d'avancer, contre l'opinion générale,
que *pour faire monter le cours des rentes, il falloit en augmenter le volume.*

Je sais très-bien qu'une telle proposition présentée isolément
et abstraction faite de toutes les circonstances qui la rendoient
raisonnable et plausible, pouvoit ressembler à un paradoxe, et
blesser les règles ordinaires du jugement, et voici ce que j'écri-
vois moi-même en 1816 (1).

« On a bien dit de l'Angleterre, dans un des écrits récens
« qui ont fait le plus de sensation, que PLUS ELLE DEVOIT, PLUS

(1) Page 43 du Mémoire de 1816.

« ELLE ÉTOIT RICHE, parce que ses fonds publics composent la
« fortune d'une grande partie de ses habitans, et sont autant
« de véritables capitaux; mais ce n'est là qu'un paradoxe bril-
« lant et un abus de l'argument tiré de l'utilité d'une dette pu-
« blique sagement établie, par le mouvement qu'elle imprime
« aux capitaux oisifs, et la faveur qu'elle prête au développe-
« ment du crédit. Il n'est pas vrai, au fond, que PLUS ON EM--
« PRUNTE, PLUS ON S'ENRICHISSE; et si l'Angleterre offre le dou-
« ble phénomène d'une dette prodigieuse et d'une grande ri-
« chesse, c'est parce que ses recettes ayant grossi chaque année
« par l'étendue de son commerce, elle a pu aussi contracter
« des engagemens toujours croissans; mais il y a un terme quel-
« conque à la progression de ses bénéfices et de ses richesses,
« et ce terme sera aussi celui de la progression de son crédit :
« tout ce qu'on peut avancer, à présent, c'est que ce terme
« n'est pas arrivé; mais on ne peut pas dire de l'Angleterre
« comme de la France, que le service des arrérages annuels
« de sa dette, entre sans surcharge pour les sujets de l'État,
« dans la composition de ses dépenses ordinaires, dont ils ne
« forment pas le tiers, et que l'amortissement de cette dette est
« si rapide, qu'en moins de vingt ans, elle peut décroître de
« près de trois cinquièmes; que du reste, aucun arriéré, au-
« cune charge extraordinaire n'embarrasse la marche de son ad-
« ministration, et que des impôts modérés suffisent à la dépense
« de tous ses services.

« Voilà, je le répète, ce qui ne manquera pas de fixer l'at-
« tention des capitalistes, à l'intérieur et au dehors; et c'est un
« des remèdes les plus prochains à espérer au dommage d'ex-
« portation de numéraire que causent à la France les contribu-
« tions étrangères qu'elle paye actuellement. Quelque part que
« soit le numéraire, il n'a de valeur que par son emploi et par
« son intervention, dans les échanges; et tout l'argent qui, en
« Europe, échappe à la thésaurisation ou aux expéditions dans

« l'Inde, se dirige ordinairement vers les Etats dont les gouver-
« nemens par leur sagesse, les sujets par leur industrie, et les
« fonds publics par leur solidité et leur bonne assiette, offrent
« aux capitaux les emplois les plus sûrs et les plus avantageux.
« Sous tous ces divers rapports, la France peut, avec un bon
« système de finances, le disputer aux autres nations; et, en
« laissant les contribuables dans l'aisance, elle rappellera à elle,
« par sa dette publique comme par les procédés du travail et
« du commerce, les espèces qui vont s'écouler hors de ses fron-
« tières.

« Les garanties qui accompagnent la dette publique, les
« bornes dans lesquelles elle est renfermée, permettent d'en
« maîtriser le cours, et d'en prolonger la durée, d'en régler
« l'amortissement, et de fonder, pour l'avenir, un crédit suffi-
« sant à tous les besoins extraordinaires; et du sein de nos em-
« barras actuels, nous aurons tiré au moins cet avantage, que la
« confiance universelle s'attachant à nos engagemens et aux
« moyens que nous avons de les remplir, rien ne sera impos-
« sible à la nation française quand la justice et l'honneur lui
« commanderont des efforts et des sacrifices. »

Ce passage de mon écrit de février 1816 explique déjà le phénomène de l'élévation du cours des rentes produite par une
création nouvelle.

Il convient de le rattacher d'abord au système d'amortisse-
sement méconnu et repoussé en 1814, adopté avec trop de réserve et dans les limites trop étroites en 1816, mais établi enfin
sur de vastes et solides bases par la loi du 25 mars 1817.

Ensuite, il faut considérer la position particulière où se trouvoit la France, quant à ses finances, par l'effet du traité du 20
novembre 1815.

Menacée de voir s'écouler, chaque année, hors de son territoire, une somme de 150 à 200 millions pour le service des contributions étrangères, le seul moyen qu'elle eut, je le répète,

dé contre-balancer cette rapide et prodigieuse exportation , étoit d'appeler dans son sein les capitaux extérieurs ; et il falloit, pour atteindre ce but, l'intervention de maisons étrangères , qui, par l'étendue de leurs moyens et l'autorité de leur exemple , procurassent le placement au dehors de partie des rentes nouvellement créées.

Cette preuve de confiance une fois obtenue devoit infailliblement faire naître chez tous les capitalistes français le désir de s'intéresser eux-mêmes dans nos fonds publics , et faire ainsi rentrer dans la circulation et au profit du mouvement général des affaires, les capitaux restés oisifs et en état de thésaurisation.

On n'a pas tardé, en effet, à voir de nouveaux soumissionnaires enchérir , à l'envi les uns des autres , sur les offres existantes , et concourir par leur empressement et par leur nombre, à l'élévation du cours des rentes dont , auparavant, ils ne vouloient à aucun prix.

Si l'on pouvoit jamais méconnoître l'importance du crédit puplic , il suffiroit de comparer la situation où se trouvoit la France en 1816, à celle où elle s'est trouvée l'année suivante , sans que pourtant, d'une année à l'autre , aucun événement politique ait changé ou déplacé les élémens de sa force et de sa richesse , et que rien d'extraordinaire soit venu diminuer ou agrandir les garanties de son repos.

En 1816, après avoir mis en œuvre tous les genres de ressources pour faire face aux charges de l'année , le gouvernement ne trouvoit pas même le moyen de réaliser le foible crédit de 6 millions de rentes qui lui avoit été ouvert pour couvrir le déficit du Budget, tant ORDINAIRE qu'EXTRAORDINAIRE , et on cherchoit inutilement à vendre ces 6 millions de rentes.

Je suis convaincu que pas un banquier, pas un capitaliste n'auroit voulu se soumettre à prendre, à aucun cours, soit les rentes , soit les autres valeurs dont on auroit alors proposé la création pour remplir le déficit ; et il est de fait que les BONS

ROYAUX destinés au service courant du trésor, ne pouvoient plus se négocier qu'à $1\frac{1}{2}$ pour $\frac{0}{0}$ par mois de perte, et pour de petites sommes seulement.

Enfin, le plus grand des malheurs, celui d'une exécution militaire étendue sur toute la surface de la France, pouvoit arriver, faute de paiement des contributions établies par le traité du 20 novembre 1815.

En 1817, au contraire, et après l'émission et la réalisation de 3o millions de rentes nouvelles, tous les trésors se sont ouverts, l'abondance s'est montrée dans toutes les caisses publiques et particulières; partout on a désiré que de nouvelles rentes fussent créées pour les acheter beaucoup plus cher que celles qui venoient d'être délivrées : on a épié les besoins du trésor pour lui offrir, à un intérêt modéré, contre ses simples bons, des sommes indéfinies; aujourd'hui, on parle sans inquiétude et sans effroi de plusieurs centaines de millions à trouver, soit pour faire face aux charges prévues, soit pour acquitter des indemnités réclamées par diverses puissances, soit enfin pour anticiper l'extraordinaire de 1819 et 1820; et les capitaux de l'Europe sont prêts à devenir tributaires du crédit de la France, et à lui aplanir les voies pour le recouvrement de sa parfaite indépendance.

Cette impulsion donnée à la confiance universelle dans la dette publique de France, n'est pas seulement due aux précautions prises pour son amortissement, par la loi du 25 mars 1817, et aux garanties que présentent les ressources de la France, sous une bonne administration dont tous les procédés sont au grand jour; il faut l'attribuer particulièrement au mode adopté pour l'acquittement de L'ARRIÉRÉ, sur les bases que j'avois établies dans mes Mémoires de 1814 et de 1816, mode dont le grand avantage consiste à lier constamment l'intérêt de l'État et du Gouvernement à l'élévation du cours des fonds publics.

Dans l'ordre ordinaire des choses, sans être indifférent à la hausse des fonds, puisqu'elle aide au maintien du crédit, l'État n'a cependant pas un intérêt immédiat et positif à ce que le cours en soit plus ou moins élevé ; le bénéfice ou la perte qui peuvent résulter des variations qu'ils éprouvent, n'intéresse réellement que les possesseurs des rentes dont se compose la dette publique : le trésor, à cet égard, n'est exposé à aucun déboursé, et il n'a, non plus, aucune augmentation de recette à espérer.

Aujourd'hui, au contraire, par la nature et la destination finale des RECONNOISSANCES DE LIQUIDATION données en paiement de l'arriéré, l'intérêt de l'État se lie intimement à celui des propriétaires de rentes, et l'obligation de rembourser les reconnoissances en NUMÉRAIRE OU EN RENTES AU COURS, à une époque déterminée, place le Gouvernement dans la même situation que s'il étoit propriétaire de rentes, et qu'il fût obligé de les vendre aux échéances fixées pour le remboursement des reconnoissances; et, en effet, dans la supposition d'une somme de 500 millions existante en reconnoissances de liquidation, et représentant, au pair, 25 millions de rentes, il y auroit à délivrer aux porteurs, à l'époque du remboursement ;

Le cours étant à 50 pour cent de perte... 50 millions de rentes au lieu de 25 millions.

Le cours étant à 75 pour cent de perte... 37 millions 500 m. fr. de rentes, au lieu de 25 millions.

Et le cours étant au pair . . . . 25 mill. seulement.

On aperçoit d'avance le grand intérêt qu'il y aura à favoriser, par tous les moyens possibles, l'élévation du cours des rentes, d'ici à l'échéance des reconnoissances de liquidation, puisque l'État profitera de toute la différence qui, en cas de dépréciation, se trouveroit entre le cours de la place et la valeur des rentes au pair.

Cette observation n'échappera ni aux porteurs de reconnoissances de liquidation, ni aux spéculateurs sur les fonds publics ; ils en concluront que le cours des rentes doit infailliblement s'élever aux approches de l'échéance du remboursement des re-

connoissances , et ils deviendront acheteurs eux-mêmes pour
faire le bénéfice que , faute d'autres acheteurs , le Gouvernement
ne manqueroit pas de faire pour lui-même , soit avec le secours
de la vente des bois affectés à la caisse, d'amortissement , soit par
les autres moyens qu'il auroit à sa disposition.

Cette communauté d'intérêts entre le Gouvernement et les
créanciers de la dette publique , est le plus puissant véhicule de
crédit qu'il fût possible de mettre en œuvre ; et j'en faisois déjà
l'observation en 1814 , en parlant des BONS SUPPLÉMENTAIRES
remplacés aujourd'hui par les reconnoissances de liquidation.

« Une remarque importante , disois-je (1) , à faire ici en faveur
« du plan proposé , c'est qu'en même temps qu'il embrasse d'une
« manière absolue la libération de l'État envers tous ses créan-
« ciers sans exception , il a encore cet avantage que , d'ici au
« 1er janvier 1820 , le Gouvernement , dégagé de toute sollici-
« tude autre que celle des services courans et de l'équilibre à
« maintenir entre ses recettes et ses dépenses , aura un grand
« intérêt au soutien du crédit de la dette publique et à l'élévation
« du cours des rentes ; car si les rentes venoient au pair , c'est-
« à-dire que les fonds consolidés de France produisissent réelle-
« ment , au cours de la place , 5 pour cent par an , alors les bons
« supplémentaires conditionnels deviendroient sans objet , et il
« n'y auroit rien à payer du tout pour les éteindre au 1er jan-
« vier 1820 ; ils se trouveroient acquittés , comme convertis et
« confondus dans la valeur même des inscriptions dont ils étoient
« destinés à couvrir l'insuffisance. »

Avant 1817 , et surtout depuis le traité du 20 novembre 1815 ,
mes opinions et mon langage sur la restauration des finances et
la fondation du crédit public , faisoient peu de prosélytes ; et
quand on ne trouvoit pas à les combattre en théorie et comme
principes, on les attaquoit comme impraticables dans l'exécution.

(1) Page 30 du Mémoire de 1814.

L'amélioration de la dette publique paroissoit incompatible avec son accroissement, et la tentative des emprunts n'offroit aucun espoir de succès.

On ne voyoit même dans la création d'un fonds d'amortissement qu'une mesure insuffisante et un surcroît de charges pour les contribuables dans la dépense ordinaire.

L'acquittement de l'ARRIÉRÉ, d'une manière intégrale et sans perte, ne paroissoit pas proposable; on eût dit que dans notre état de détresse, la foi due aux engagemens ne pouvoit plus être pour nous que l'objet d'un culte purement idéal, et que les sacrifices qu'elle auroit commandés étoient trop au-dessus de nos forces.

Mais peu à peu on s'est accoutumé à mieux juger des ressources de la France, et de la possibilité d'asseoir son crédit sur des fondemens solides et durables; la première épreuve faite de ce crédit a procuré un secours de plus de 300 millions; et dans l'étonnement d'un tel succès, la censure n'a plus trouvé prise que dans les conditions exigées par les prêteurs, sans songer qu'auparavant il ne s'étoit trouvé de prêteurs à aucunes conditions, et que désormais il s'en présenteroit à des conditions toujours meilleures (a).

(a) Plus tard, sans doute, et quand la France sera tout-à-fait rendue à elle-même, elle trouvera dans son propre sein, les fonds suffisans pour remplir les emprunts auxquels des besoins extraordinaires la forceront d'avoir recours; mais dans l'état actuel des choses, l'assistance des capitaux étrangers est encore indispensable au succès des nouveaux emprunts que notre libération commande; ce seroit, j'ose le dire, une faute irréparable que de se laisser séduire par le louable empressement des capitalistes français, et par la multitude des soumissions de l'intérieur : ces soumissions ne pourroient jamais être remplies qu'en achevant d'épuiser le numéraire qui nous reste, et en augmentant le dommage des exportations; le discrédit succéderoit bientôt à l'engouement général, et l'on pourroit craindre que les étrangers eux-mêmes ne se hâtassent de faire refluer en France la portion de notre dette publique qu'ils possèdent aujourd'hui.

5

Enfin , j'ai la satisfaction de voir qu'on s'est familiarisé avec les seules mesures propres à amener notre libération absolue , tant envers les étrangers qu'envers nos autres créanciers , et à rapprocher , en même temps, le soulagement des contribuables : à mesure que mes espérances et mes annonces se sont réalisées, les incrédules et les censeurs ont fait place aux apologistes , et je me trouve aujourd'hui d'accord avec les meilleurs esprits sur les points les plus importans au retour de l'ordre et de la confiance, et sur la nécessité d'un remboursement complet et intégral , sans acception de personnes et d'exercices , envers les créanciers de l'ARRIÉRÉ.

BUDGET DE 1818.

Suivant le Budget présenté par le ministre, les dépenses de l'année 1818 doivent s'élever à . . . . 993,244,022 »

Environ un milliard, savoir :

Pour la dette publique et l'amortissement . 180,782,000 »
Pour le service ordinaire . . . . 500,193,600 »
Pour le service extraordinaire. . . . . . 312,268,422 »

TOTAL. . . . 993,244,022 »

Les recettes à faire, en 1818 , en maintenant les contributions directes au taux des années précédentes , doivent, suivant le Budget, s'élever à . . . . 767,778,600 »
Le déficit à couvrir par des emprunts est donc de . . . . 225,465,422 »

TOTAL ÉGAL. . . 993,244,022 »

Les amendemens proposés par la commission de la Chambre des députés, n'ont apporté à ce résultat qu'une légère modification ; le déficit à combler pour 1818, suivant le rapport de la commission, est de 220 millions 791,903, au lieu de 225 millions 465,422, portés au Budget présenté par le ministre.

Sans recommencer ici l'énumération détaillée des articles qui entrent dans la composition des recettes et des dépenses du Budget de 1818, je me borne à faire le rapprochement des RE-CETTES ORDINAIRES PERMANENTES avec les DÉPENSES ORDINAIRES PERMANENTES, en consultant le Budget tel qu'il a été amendé par la commission de la chambre des députés (a).

Le montant des recettes ordinaires permanentes est de la somme de. 491,573,639   »

Nota. Ce tableau des recettes ordinaires permanentes est dégagé de 63 millions 342,336, pour centimes additionnels sur les contributions directes.

Le montant des dépenses ordinaires permanentes, est de la somme de. 407,495,091   »

L'excédent des recettes ordinaires permanentes sur les dépenses ordinaires permanentes, est donc de. 84,078,548   »

Cette remarque a pour objet de montrer d'avance que l'Etat une fois dégagé des charges imposées par le traité du 20 novembre 1815, pourra balancer ses dépenses par ses recettes, et obtenir un excédant de revenu pour le service des nouveaux intérêts ou des nouvelles rentes, dont la dette publique devra

(a) Etat B annexé au projet de loi sur les finances amendé par la commission du Budget.

s'accroître encore par l'acquittement de ce qui reste dû aux étrangers.

Cette consolante perspective se lie naturellement aux plans d'économie conçus et annoncés par le Gouvernement, et bien plus faciles à réaliser au sein de l'aisance et du crédit que sous le poids d'engagemens énormes et dans les entraves du besoin.

Embrassons avec confiance un espoir fondé sur tant de garanties ; le tableau d'un meilleur avenir est bien plus utile à mettre aujourd'hui sous les yeux, même pour la tranquillité publique, que le triste et stérile recensement des sacrifices et des malheurs passés.

Nous ne pouvons pas encore assez apprécier l'influence toujours croissante qu'aura sur le crédit public la forme du Gouvernement ; la discussion qui s'ouvre chaque année dans les deux Chambres sur les besoins et les ressources de l'Etat, la notoriété des recettes et des dépenses, la participation de chaque Français, par l'entremise de ses députés, à la vérification des comptes et à l'établissement de l'impôt, sont autant de garanties d'institution nouvelle qui donneront à la confiance un plus solide appui, en rattachant chaque jour davantage les intérêts individuels à l'intérêt général.

« C'est parce que cette fusion de l'intérêt privé avec l'intérêt
« général (1) n'existe pas sur les Etats du continent de l'Europe,
« qu'il n'a pas pu se former, à proprement parler, chez aucun
« d'eux, la Hollande exceptée, ni crédit public, ni caisse d'a-
« mortissement. La domination plus ou moins absolue dans la-
« quelle vivent les sujets de ces divers Etats, s'oppose à ce que
« les œuvres de la confiance y prennent naissance et s'y main-
« tiennent ; mais ces deux grands obstacles, dont l'Angleterre
« seule a été affranchie, disparoîtront aussi en France, sous un
« Gouvernement constitutionel et représentatif.

(1) Page 42 du Mémoire de février 1816.

DE L'ARRIÉRÉ.

D'après le rapport de la commission du Budget, il paroît que l'arriéré restant à payer au premier octobre 1817, s'élevoit à la somme de 359,411,167 fr. 46 cent., savoir :

Pour les créances de 1801 au 1er janvier 1810. . '. 61,780,824   69

Pour les créances du 1er janvier 1810 au 1er avril 1814. . . . . '. 152,521,504   79

Pour les créances des neuf derniers mois de 1814. 48,635,272   27

Et pour les créances de 1815. 96,473,565   71

TOTAL,   359,411,167   46

Il est très-vraisemblable que toutes les parties prenantes de cette somme de 359 millions 411,167 fr. 46 cent. en demanderont la conversión en reconnoissances de liquidation, plutôt qu'en inscriptions au grand livre, puisque le cours des reconnoissances est supérieur de 10 à 12 pour cent, au cours des inscriptions ; et que dans l'ordre des choses, cette différence de cours, à l'avantage des reconnoissances de liquidation, doit aller toujours en croissant, à mesure que l'époque de leur remboursement se rapprochera.

En faisant cette remarque, j'ai principalement en vue d'empêcher la banqueroute qu'on feroit subir aux créanciers de l'arriéré de 1801 à 1810, si on maintenoit, à leur égard, la disposition de la loi du 25 mars 1817 qui, en contradiction avec les deux précédentes lois de finances des 23 septembre 1814 et 28 avril 1816 (et sur un simple amendement proposé après la clôture de la discussion, et combattu par le ministre des finances lui-même), les a exclus du mode de remboursement accordé aux créanciers des années subséquentes ; comme si, dans le nombre des créanciers de l'ARRIÉRÉ une fois reconnus pour tels, les uns devoient être moins favorablement traités que les autres, et que la disgrâce dût tomber précisément sur ceux qui, comme plus anciens en date, sont depuis plus long-temps en souffrance.

Pour mieux faire ressortir le vice de l'amendement et la précipitation qui l'a fait adopter, je crois devoir donner ici l'extrait de la séance de la chambre où il a été proposé, tel qu'il est rapporté dans le Moniteur du 8 mars 1817.

CHAMBRE DES DÉPUTÉS.

M. LE PRÉSIDENT. « La délibération sur les divers articles du « Budget, se trouvant terminée, il reste à voter au scrutin sur « l'ensemble.

M. LE BARON LOUIS. « J'observe que cette loi sur laquelle on « va voter, *laissera subsister entre les divers arriérés une con-* « *fusion* qu'il importe de faire cesser.

« La loi du 20 mars 1813, dit l'opinant, avoit réglé l'arriéré « antérieur à 1809, pour être payé en rentes. La loi du 28 avril « a réuni toutes les créances sous le titre *d'arriéré antérieur* « *au 1er janvier* 1816; ainsi tout l'arriéré fut soumis au même « mode de paiement.

« Cependant le Budget de 1817 apporte une amélioration au « sort des créanciers.

« Ceux antérieurs à 1809 seront-ils appelés à partager cet « avantage?

« Je propose à la chambre *une disposition additionnelle* au « titre III; l'article 4 présenteroit la réduction suivante :

Art. 4. « L'arriéré antérieur à 1816 se compose des dettes « ci-après :

« 1°. Des créances de 1809 et années antérieures, lesquelles

« continueront à être acquittées *conformément* à la loi du 20 mars
« 1813, 2°. etc. »

M. LE MINISTRE DES FINANCES observe « que la chambre a voté-
« hier, sans discussion, sur l'article 4, *que la décision prise est*
« *conforme aux principes*, que la loi du 28 avril a réuni tous les
« arriérés, que les créances de l'an 9 à 1809 ne sont plus restées
« sous l'empire de la loi du 20 mars 1813, rapportée par la
« dernière loi des finances, que le conseil d'État consulté rendit
« un avis conforme, et que le Roi, par une ordonnance, a dé-
« cidé *que tous les arriérés ne formoient plus qu'une seule*
« *masse soumise au mode prescrit par la loi du 28 avril.*

« Nous nous occupons d'élever, de consolider le noble édi-
« fice du crédit; il y auroit un grand intérêt de ne pas revenir
« sur une détermination *conforme à la loi du 28 avril*, con-
« *forme à l'ordonnance de Sa Majesté.*

« M. DE VILLÈLE expose que la chambre *n'avoit pu entendre*
« *changer le mode adopté par la loi de* 1813; que si elle eût
« entendu comprendre dans ses dispositions les créances qui
« devoient être inscrites au grand livre, *elle auroit dit*, les créan-
« ciers auxquels il n'a pas encore été délivré *des bons ou des ins-*
« *criptions.* »

L'art. 15 de la loi de 1816, qui rapporte celle du 20 mars,
ne peut non plus offrir d'équivoque; car il dit : « En consé-
« quence, les bois de l'État cesseront d'être vendus, etc. » Je
vote pour la proposition.

L'amendement est mis aux voix et adopté.

Quel seroit donc l'intérêt de l'État à déroger ainsi, au préjudice seulement d'une petite portion de ses créanciers, au système de libération absolue qu'il a embrassé?

Ce qui reste à liquider sur les créances de 1801 à 1810, monte
à 61,780,824, 69 cent.;

Tout l'arriéré se paye en reconnoissances de liquidation ;

On voudroit payer en inscriptions seulement, cette somme de 61,780,824 fr. 69 cent.

Ainsi, ce seroit pour faire gagner à l'État, ou plutôt pour faire perdre aux créanciers de ces 61 millions, la différence de la valeur des inscriptions à celle des reconnoissances que la foi publique seroit violée dans une circonstance où il importe si fort de pouvoir dire qu'aucun des engagemens de l'État n'est resté en souffrance. En matière de finances et de crédit, toute injustice est une erreur de calcul ; et le bénéfice apparent qu'elle peut procurer est toujours chèrement acheté par la méfiance qu'elle entraîne à sa suite. Cette injustice particulière seroit d'autant plus remarquable, qu'elle figureroit, comme une tache, à côté même du monument de fidélité donné, sans acception de créances et de personnes, aux créanciers de l'arriéré indistinctement.

On a peine à comprendre que la proposition d'un tel amendement contraire à toute idée de justice et de crédit, contraire aux deux lois sur les finances des 23 septembre 1814 et 28 avril 1816, ait été faite par M. le baron Louis, qui, soit comme ministre des finances, soit comme député, a toujours proclamé hautement la foi due aux engagemens de l'État, et qui avoit une parfaite connoissance des deux lois de finances de 1814 et de 1816, expressément enfreintes par son amendement.

C'est M. le baron Louis qui, comme ministre des finances, avoit présenté à la chambre de 1814 le projet de la loi sur les finances, rendue le 23 septembre de la même année ; et cette loi porte, titre 3, articles 22, 23 et 24.

1°. Que les Budgets des *années 1809 et antérieures*, 1810, 1811, 1812 et 1813, sont clos au 1er avril 1814 ;

2°. Que les créances pour dépenses *antérieures au 1.er avril* 1814 (sans distinction), seront liquidées et ordonnancées, par le ministre, dans la forme ordinaire ;

3°. Que le ministre des finances fera acquitter les ordonnances des ministres, AU CHOIX DES CRÉANCIERS, *soit en obligations du trésor royal, soit en inscriptions de rentes, 5 pour cent consolidés.*

En proposant cette loi, M. le baron Louis avoit évalué la totalité de l'arriéré à 759 millions, sans faire une classe particulière de l'arriéré de 1801 à 1810.

La loi sur les finances du 28 avril 1816 porte également, au titre IV de L'ARRIÉRÉ, article 12, que les créances *antérieures au* 1er *avril* 1814 (toujours sans aucune distinction entre celles de 1801 à 1810, et celles des années subséquentes) seront réunies aux dépenses non-acquittées du service des neuf derniers mois de 1814 et de l'année 1815, sous le titre D'ARRIÉRÉ ANTÉRIEUR AU 1er JANVIER 1816; et afin qu'on ne pût pas se prévaloir du mode de liquidation prescrit par la loi du 20 mars 1813, contre les créanciers de l'arriéré antérieur au 1er janvier 1810, pour introduire à leur égard une distinction préjudiciable, l'article 15 de la loi du 28 avril 1816 rapporta expressément la loi du 20 mars 1813, en ce qu'elle avoit de contraire à la nouvelle loi. M. le baron Louis, alors membre de la chambre des députés, ne fit aucune observation contraire à la réunion des créances de tous les exercices en une seule masse D'ARRIÉRÉ, sujette au même mode de liquidation et de remboursement; et l'uniformité de ce mode fut déclarée de nouveau par une ordonnance royale du mois de mai 1816.

M. le baron Louis présent aussi, comme député, à la discussion, article par article, du projet de loi sur les finances du mois de mars 1817, ne proposa non plus, dans le cours de cette discussion, aucune modification à ce qui avoit été réglé quant à la RÉUNION DE TOUS LES ARRIÉRÉS EN UN SEUL, par les deux lois précédentes; la nouvelle loi alloit être votée au scrutin sur son ensemble sans que rien eût été changé à cet égard, et c'est ce moment extrême que M. le baron Louis crut devoir choisir

6

pour proposer la violation d'un acte de fidélité voté en 1814, confirmé en 1816, et qui alloit être consacré de nouveau s'il ne l'avoit pas empêché : la délibération touchant à son terme, on adopta, de confiance, la proposition de M. le baron Louis sans avoir le temps d'en reconnoître l'injustice et d'en prévoir les conséquences.

Il n'est pas permis de douter qu'en signalant à l'attention de la Chambre, dans le cours de la discussion du Budjet, le manque de foi que renferme l'amendement dont il s'agit, elle ne s'empresse d'en voter la suppression et le rapport, pour que les créanciers de 1809 et années antérieures participent au même mode de liquidation et de remboursement que les créanciers des années suivantes.

DE LA DETTE PUBLIQUE PERPETUELLE

et de son amortissement.

Suivant le tableau nº 21 annexé au Budget de 1818, et rappelé dans les rapports de la commission du Budget, la totalité des rentes actuellement inscrites y compris celles créées par les lois du 28 avril 1816 et 25 mars 1817, pour le service du trésor, s'élève à la somme de. . . . . 120,000,000 f.

Le crédit en rentes demandé pour le service de l'année 1818, est de. 16,000,000

Les intérêts des reconnoissances de liquidation délivrées ou à délivrer, en vertu de la loi du 25 mars 1817, monteront annuellement, sauf les retranchemens légitimes à opérer dans le cours de la liquidation, savoir :

Pour les reconnoissances délivrées jusqu'au

1ᵉʳ novembre 1817 (a) à. . . 4,565,000 » ⎞

Et pour celles à délivrer
montant à 359,410,967 f. 46 c. ⎰ 22,535,548

en capital à. . . . . . 17,970,548 » ⎠

On évalue à 14 millions de rentes le complément des indemnités étrangères reclamées par
divers États, d'après le traité du 20 novembre
1815. 14,000,000

Enfin, notre libération envers les puissances
étrangères, à cause des contributions exigibles
en 1819 et 1820, peut donner lieu à la création
de nouvelles rentes pour une somme de. . . 25,000,000

Total. . . . . . . 197,535,548 f.

La totalité de la dette publique perpétuelle s'éleveroit donc,
en définitif, à la somme de 197 millions 500 mille francs.

Et elle s'accroîtroit encore, si, lors de l'échéance fixée pour
le remboursement des reconnoissances de liquidation, le développement du crédit de la France et les mesures de finances que
le pouvoir législatif et le Gouvernement ne manqueront pas de
prendre dans l'intérêt de l'État, n'avoient pas élevé le cours des
rentes au pair.

Je regarde aussi toujours comme indispensable, dans l'intérêt
des acquéreurs de biens d'émigrés, mais surtout dans l'intérêt
de l'État, et pour élever la valeur de ces biens au niveau de celle
des autres propriétés, de déterminer par une loi l'indemnité due
aux émigrés dépossédés, sur les bases indiquées dans mon
mémoire de 1814 (page 27); la dette publique seroit encore
augmentée, par-là, de 12 millions de rentes, ou environ ; mais ce

(a) Voir le rapport de la commission du Budget du 23 mars 1818.

sacrifice seroit bien racheté par la restitution à la circulation , au commerce et à l'impôt, d'une masse inerte de propriétés généralement déprisées dans tous les marchés et dans toutes les transactions.

Il faut voir à présent quelle sera la situation successive de cette dette de 1821 à 1830, déduction faite des rachats que la caisse d'amortissement aura opérés dans l'intervalle.

Pour cela, on n'a besoin que de consulter un tableau fort clair, faisant partie des états annexés au Budget de 1817, intitulé : TABLEAU DES EFFETS DE L'AMORTISSEMENT PENDANT UNE PÉRIODE DE QUINZE ANNÉES.

Il résulte de ce tableau (No 16) que, de 1816 à 1830, la caisse d'amortissement, par les moyens que lui assure la loi du 25 mars 1817, aura racheté, dans cet intervalle, 104 millions de rentes ; et que, déjà en 1821, les achats de cette caisse auront absorbé près de 27 millions de rentes.

Ainsi, en 1830, la dette publique perpétuelle, qui présente aujourd'hui une charge d'environ 200 millions de rentes, se trouveroit réduite de plus de moitié par l'effet de l'amortissement: et, à partir dé 1830, le rachat ou la décroissance de l'autre moitié s'opéreroit dans une progression bien plus rapide encore.

Les besoins extraordinaires pour le rétablissement de l'armée et de son matériel, la restauration des places fortes et des routes, ou pour d'autres causes, seront aisément couverts par la simple émission de nouvelles reconnoissances de liquidation données au cours, payables comme celles créées en 1817, à plusieurs années de terme, et dont le remboursement ne seroit pas moins bien garanti par les seuls progrès de l'amortissement, que celui des reconnoissances actuellement existantes (a).

_____

(a) Les reconnoissances de liquidation créées par la loi du 25 mars 1817, sont, sous la forme de TITRES AU PORTEUR ; et cette forme, pour des effets à

Ce mode de paiement en reconnoissances de liquidation, rembour-
boursables en argent ou en rentes au cours, à plusieurs années
de terme, permettra d'ajourner d'autres créations de rentes;
l'action de la caisse d'amortissement continuera dans l'intervalle;
et c'est là l'unique moyen dont on puisse laisser, pour ainsi
dire, reposer le grand livre; car la proposition faite par quelques personnes d'en prononcer la clôture, n'est pas réfléchie;
ce seroit, en d'autres termes, prononcer que l'État n'aura jamais de besoins extraordinaires.

Mais c'est précisément à l'aspect de la puissance et des bons
effets de l'amortissement, qu'il convient de saisir toutes les occa-
sions d'agrandir les facultés et les ressources de la caisse instituée
pour en remplir les salutaires fonctions; et la circonstance du
renouvellement du privilége de la Banque de France, offre le
moyen de procurer à cette caisse, dans le cours de l'année 1819,
un fonds supplémentaire de 90 millions, immédiatement applicable, comme les autres fonds de cette caisse, au rachat des
rentes sur l'État.

DU CAUTIONNEMENT

*De 90 millions à exiger à la Banque de France, à l'occasion du
renouvellement de son privilége.*

Une loi du 24 germinal an 11 (avril 1803) a concédé à la
Banque de France un privilége exclusif de quinze ans, à dater

---

longue échéance, présente des risques qui peuvent éloigner les capitalistes de
ce genre d'emploi. Il conviendroit, pour remédier à cet inconvénient, de
faire ouvrir au trésor un livre particulier, où les propriétaires et porteurs
des reconnoissances de liquidation seroient libres de se faire inscrire, à l'ins-
tar des créanciers de rentes sur l'Etat : il leur seroit délivré, comme aux
rentiers, des inscriptions nominatives; ces inscriptions seroient soumises au
même mode de transfert que les inscriptions de rentes, et elles ne seroient
pas susceptibles d'opposition.

du 1er vendemiaire an 12 (22 septembre 1803), aux conditions énoncées dans cette loi, dont les principales sont :

1º. La formation d'un capital, ou fonds primitif, de 45 millions, par 45,000 actions de 1000 fr. chacune ;

2º. La prohibition à la Banque de faire aucun commerce autre que cèlui des matières d'or et d'argent ;

3º. La fixation du dividende annuel sur le pied de 6 pour cent, au plus, du capital de 1000 fr. pour chaque action ;

4º. La conversion de l'excédant de bénéfice en fon ds deréservé ;

5º. L'obligation d'employer le fonds de réserve en 5 pour cent consolides, et la faculté de répartir, sur le produit du fonds de réserve, 2 pour cent par an, outre le dividende de 6 pour cent; en tout, 8 pour cent au plus ;

6º. La prohibition de vendre, pendant la durée du privilége, les 5 pour cent consolidés que la Banque auroit acquis.

Une seconde loi du 24 mars 1806 a prorogé le privilége accordé à la Banque de France par la loi du 24 germinal an 11, pour vingt-cinq ans au delà des quinze premières années, c'est-à-dire, jusqu'au 22 septembre 1843, sous les conditions suivantes; savoir :

1º. De porter à 90 millions, au lieu de 45 millions, le fonds capital primitif de la Banque, en doublant le nombre de ses actions ;

2º. De composer le dividende annuel, en premier lieu, d'une répartition qui ne pourroit excéder 6 pour cent du capital primitif; en deuxième lieu, d'une autre répartition égale aux deux tiers du bénéfice excédant ladite répartition de 6 pour cent.

3º. De mettre en réserve l'autre tiers dudit bénéfice.

Cette nouvelle loi contient d'autres dispositions réglementaires, et elle maintient la précédente loi du 24 germinal an 11, en tout ce qui n'est pas contraire à celle du 24 mars 1806.

Les dividendes répartis aux actionnaires depuis le premier

vendémiaire an 12 , jusqu'au mois de janvier 1818 , inclusi-
vement, se sont élevés communément au-dessus de 7 pour cent
par an répartis à chaque semestre.

Et le fonds de réserve accumulé dans les coffres de la Banque , en accroissement de son capital primitif, est de plus de 20
millions.

Cependant, la Banque rigoureusement obligée, par le titre de
son institution, à avoir dans ses coffres, en argent ou en valeurs
actives, un fonds de 90 millions, comme gage des billets destinés au service des escomptes et du commerce , a distrait,
sur ces 90 millions, une somme de 22 millions, en rachetant
à son profit, 22 mille actions sur les 90 mille actions représen-
tatives de son capital primitif; et elle a ainsi enlevé au public et
au commerce à peu près un quart des fonds destinés , soit à éten-
dre ses opérations , soit à en garantir le résultat et les événemens.

Sans examiner si la Banque a rempli , dans tous les autres
points , les obligations qui lui étoient imposées , il est certain
que , par cette contravention toute seule, elle a encouru la
perte de son privilége. La condition essentielle de l'exercice de ce
privilége étoit la réalisation et la permanence dans les coffres de
la Banque , d'un fonds de 90 millions. Ne pas fournir ce fonds
capital , ou n'en fournir qu'une partie , c'eût été, de la part de
la Banque, renoncer au bénéfice de la concession qui avoit
prescrit le versement des 90 millions ; et retirer ce fonds capital, en tout ou en partie, après l'avoir fait, c'est comme si on
n'eût pas fourni la portion qui en a été retirée : dans l'un comme
dans l'autre cas, il y a violation du titre constitutif dans le point
le plus fondamental ; il y a déchéance et le privilége s'évanouit ;
aussi la Banque reconnoît-elle , elle-même aujourd'hui, qu'une
autre loi est devenue nécessaire pour la prorogation ou le renouvellement de son privilége.

La Banque alléguera peut-être que c'est avec l'assentiment du

ministre des finances qu'elle a racheté les 22 mille actions re-
présentatives d'une partie de son fonds capital ; mais c'est par
une loi que la quotité de ce fonds capital avoit été déterminée , et il falloit nécessairement une autre loi pour en au-
toriser la réduction ; la tolérance ou même l'approbation for-
melle du ministre des finances ne pouvoit pas en tenir lieu ,
et l'administration de la Banque auroit bien certainement résisté
à l'autorité ministérielle , s'il eût été question de toute autre contravention à ses statuts ; comment auroit-elle pu trouver cette
autorité suffisante , pour légitimer un procédé qui ne profi-
toit qu'à ses actionnaires et qui blessoit ouvertement l'intérêt
public ?

Il s'agit à présent de savoir à quelles conditions le renouvellement du privilége de la Banque aura lieu, et ce que l'Etat peut
raisonnablement exiger pour la concession du droit exclusif
d'émettre des billets de banque et de jouir de tous les avantages
attachés à l'exercice des fonctions de la Banque de France.

Dans le cours des quinze dernières années qui viennent de s'é-
couler , et dont plusieurs ont été des années de calamités pour
toutes les branches d'industrie et pour toutes les classes de ci-
toyens, les bénéfices de la Banque de France au delà de l'intérêt de ses fonds à 6 pour cent par an , se sont élevés au point que
le taux des dividendes répartis à ses actionnaires a excédé 7 pour
cent , année commune , et qu'elle a en outre accumulé à son
fonds capital un fonds de réserve de plus de 20 millions ; et
l'état de prospérité où elle est parvenue se liant aujourd'hui aux
circonstances politiques et financières qui favorisent le dévelop-
ment de son crédit et de ses facultés , elle obtiendra infailible-
ment à l'avenir, si son privilége est maintenu, des profits encore
plus considérables.

Il est souverainement juste que la puissance législative à laquelle elle s'adresse en ce moment pour en obtenir une concession
nouvelle, cherche à rendre cette concession utile à l'État, non-

seulement sous le rapport des avantages que procure l'existence d'une banque à la circulation et au commerce, mais encore dans l'intérêt des finances du royaume; et pendant que toutes les propriétés, toutes les industries, tous les arts, toutes les professions contribuent aux charges publiques dans une proportion plus forte qu'à aucune autre époque, l'établissement de la Banque ne doit pas être le seul à jouir, EN TOUTE FRANCHISE, d'un privilége qui, sous la protection de l'État, et par le concours de toutes les fortunes particulières, lui procure des bénéfices toujours croissans.

Le spectacle de cette étrange immunité seroit vraiment un surcroît de souffrances pour les contribuables que le malheur des temps condamne à tant de privations et de sacrifices; et d'ailleurs un cautionnement n'est pas un impôt; c'est un gage que l'État demande, en en payant l'intérêt, à tous ceux qui, dans l'exercice de leurs fonctions, peuvent compromettre la sûreté publique; or, entre toutes les professions pour lesquelles on exige une pareille garantie, il n'en est certainement aucune dont les procédés soient plus intimement et plus universellement liés au sort de toutes les fortunes que ceux de la Banque de France : la différence qui existe entre les actionnaires de cette banque et les divers officiers ou comptables sujets à des cautionnemens, c'est que ceux-ci n'obtiennent, par l'effet de leur cautionnement, que le droit de consacrer leur vie à des fonctions plus ou moins laborieuses, et souvent peu lucratives, tandis que c'est au sein du repos, et sans efforts, que les premiers lèvent, par l'entremise de leurs délégués, sur les besoins du commerce et de la société, les tributs journaliers dont se composent leurs bénéfices, tributs qui après leur avoir procuré, depuis quinze ans, un dividende de 7 à 8 pour cent par année, ont élevé le prix de chaque action sur la place, de 1000 fr. à 1600 fr., c'est-à-dire, de 60 pour cent au-dessus du capital primitif.

L'intérêt et la sûreté des porteurs de billets exigent impérieusement qu'il existe, hors des mains de la Banque, un cautionnement qui réponde, dans tous les cas possibles, et à tout événement, du remboursement des billets.

Dans le système d'une banque telle que la Banque de France, ce sont les porteurs de ses billets qui sont les CRÉANCIERS.

Les actionnaires sont les DÉBITEURS.

Et l'on peut dire que, par le fait de la concession du privilége, l'État se rend GARANT des précautions légales nécessaires à la parfaite sécurité des CRÉANCIERS.

Les porteurs de billets n'ont aucune part aux profits des actionnaires, et pourtant ce sont eux qui, en prenant pour comptant les billets de banque sans intérêt, procurent aux actionnaires la majeure partie de leurs bénéfices; ils n'ont aucun droit de s'immiscer dans le régime intérieur de la banque; ils ne doivent donc courir absolument aucun risque, et il n'y a qu'un cautionnement, versé ailleurs que dans les coffres de la banque, qui puisse les en affranchir.

Ce n'est pas une garantie suffisante que la surveillance dévolue au ministre des finances occupé de tant d'autres soins; les ÉTATS DE SITUATION JOURNALIERS que la banque peut lui remettre, ne sont que des bordereaux de caisse ou d'effets en porte-feuille, qui ne lui apprennent rien, et dont il n'a pas le loisir de vérifier les élémens; il n'auroit d'ailleurs aucun moyen d'obvier aux abus et de réparer les méprises; il faut quelque chose de plus certain et de plus réel aux porteurs de billets que cette vaine formalité.

Les périls auxquels sont exposés les porteurs de billets, faute de cautionnement, ne sont pas imaginaires; ils sont susceptibles de démonstration.

Rappelons-nous qu'à la fin de 1805, la Banque de France suspendit ses paiemens; ses billets perdoient déjà sur la place; le numéraire destiné à leur remboursement étoit épuisé; il ne restoit plus d'autre gage qu'un porte-feuille composé de valeurs dont le recouvrement ne se seroit pas fait sans de grandes pertes, si la campagne, au lieu de finir par la bataille d'Austerlitz, se fût terminée par l'invasion de notre territoire. Où eût été, en ce cas, le gage des porteurs de billets ? leur sort auroit dépendu de la liquidation du porte-feuille.

Prenons une autre hypothèse qui a eu aussi un commencement d'exécution.

La Banque de France a cru pouvoir retirer 22 millions sur son fonds obligé de 90 millions ; elle auroit pu aussi se croire la maîtresse de retirer les 68 millions restans, en rachetant 68 mille actions de plus, et les porteurs de ses billets n'auroient eu aucun moyen de l'empêcher. Son fonds capital ainsi anéanti, elle auroit encore pu, par le seul effet de son crédit, continuer des escomptes et des émissions de billets ; mais qu'il fût alors survenu une catastrophe, une invasion, un incendie, ou tout autre accident de force majeure, comment auroit-elle payé les porteurs de ses billets ? Il lui auroit été impossible de les satisfaire, et par un effet absolument inverse de l'ordre naturel et légal, les actionnaires DÉBITEURS auroient été remboursés de tous leurs fonds, et les porteurs de billets, CRÉANCIERS, auroient pu perdre tout ou partie de leurs créances.

Il est encore permis d'admettre, dans le moment actuel, une autre supposition.

De nouvelles rentes vont être créées d'abord pour 16 millions, et peut-être pour une quantité beaucoup plus considérable, en cas d'anticipation de paiement des contributions étrangères de 1819 et 1820 ; et dans la distribution de ces rentes, les principales maisons de banque de Paris peuvent avoir l'idée de demander la préférence, à l'exclusion des maisons étrangères ; le crédit de la France, dans les temps ordinaires, rendroit cette préférence sans inconvénient ; mais, par les motifs que j'ai exposés dans ce Mémoire, nous devons désirer qu'une nouvelle importation de capitaux étrangers vienne balancer le dommage résultant des contributions à faire passer hors du royaume ; et il ne faut pas non plus se dissimuler que la confiance de l'étranger a fait naître celle des capitalistes français, et qu'elle peut encore donner une grande impulsion au crédit de nos fonds. Si donc on étoit privé de cette assistance extérieure, et que les rentes déjà placées au dehors vinssent refluer sur le marché, il est difficile de prévoir quelle seroit alors la dépréciation du cours, et quel seroit aussi l'embarras des maisons soumissionnaires qui auroient obtenu la préférence : ces maisons seroient précisément, pour la plupart, celles dont les chefs composeroient la régence de la Banque; et, par une suite de leur confiance dans le crédit de l'État, elles croiroient pouvoir, sans imprudence, user à leur profit, sous une forme quelconque, des ressources de la Banque pour acquitter leurs engagemens envers le trésor. Cependant une baisse un peu notable sur le cours des rentes, pourroit leur causer une perte supérieure à leurs moyens personnels, et les fonds de la Banque seroient compromis. Où seroit encore, je le demande, faute d'un cautionnement séparé, le gage des porteurs de billets ?

Ce seroit aux actionnaires de la Banque de France, et à son administration, à prendre l'initiative d'une soumission propre à compenser, au moins en partie, le prix de la nouvelle grâce qu'ils sollicitent.

On pourroit leur citer l'exemple de la Banque d'Angleterre qui, dans son origine, a fourni à l'État, comme fonds de garantie, une somme de 12 millions de livres sterlings (300 millions de francs), dont l'intérêt ne lui est payé qu'à raison de 3 pour cent par an, et qui, lors du renouvellement de son privilége, en 1814, a versé encore au trésor de l'État une somme de 3 millions de livres sterlings (75 millions de francs), à titre de prêt, SANS INTÉRÊTS, pendant les vingt ans de la durée du nouveau privilége.

Mais sans chercher ailleurs qu'en France des objets de comparaison, on rappelle ici que la caisse d'escompte existante à

Paris en 1786, avec un modique fonds capital de 20 millions divisé en 5000 actions de 4000 fr. chacune, offrit au Gouvernement, dans le mois de février 1787, de verser au Trésor royal, à titre de cautionnement et de fonds de garantie, une somme de 70 millions de francs sous l'intérêt de 5 pour cent par an, et d'augmenter, en outre, de 10 millions de francs, la somme existante dans les coffres de la caisse, comme gage des billets destinés au service des escomptes.

Ses offres furent acceptées ; et par arrêt du conseil d'État du Roi, du 18 février 1787, elle fut autorisée à créer 20,000 actions nouvelles de 4000 fr. chacune, pour subvenir tant aux 70 millions à verser au Trésor royal, qu'aux 10 millions à verser dans les coffres de la caisse.

On croit devoir transcrire ici le préambule de cet arrêt comme renfermant des motifs tellement applicables à la situation actuelle de la Banque de France, que le même préambule pourrait être mis en tête de la loi de prorogation du privilége de la Banque, en changeant seulement les sommes, et en substituant le nom de BANQUE de FRANCE à celui de CAISSE D'ESCOMPTE.

« Du 18 février 1817. »

« *Extrait des registres du conseil d'état du Roi.* »

« S. M. instruite des avantages qu'a déjà produit la caisse
« d'escompte, et convaincue qu'elle peut devenir beaucoup plus
« utile encore, surtout par rapport au commerce, s'est occu-
« pée des moyens de donner plus d'étendue à ses opérations,
« et un gage plus assuré à la confiance publique, en laissant à
« la compagnie à qui elle a permis de former cet établissement,
« toute la liberté que doit avoir une société particulière dans
« la gestion de ses affaires. S. M. n'a pu perdre de vue la circu-
« lation des billets que la commodité de leur usage a fait adop-
« ter ; plus ils ont acquis de faveur, plus il est de la sagesse de

« S. M. de veiller à la conservation constante et inaltérable des
« fonds et des valeurs qui doivent en répondre. S. M. a donc
« pensé que les actionnaires devoient affermir de plus en plus la
« confiance publique par un nouveau gage qui ne restât pas
« dans leurs mains. Un cautionnement de 70 millions, versé
« au Trésor royal, lui a paru proportionné à l'importance de leurs
« obligations et à l'extension dont elles sont susceptibles. S. M.
« a aussi reconnu que les opérations de la caisse d'escompte
« pouvaient présenter plus de ressources a ucommerce, lorsque
« ses fonds actifs seroient augmentés ; enfin elle a considéré que
« plus il y aurait de personnes intéressées au succès de cet éta-
« blissement par une plus grande subdivision d'actions, plus il
« acquerroit de suffrages et de solidité : mais, en même temps,
« l'esprit de justice qui anime S. M. a fixé son attention sur les
« intérêts des actionnaires actuels ; et, en agréant leur propo-
« sition comme un témoignage de leur zèle, elle s'est prêtée
« volontiers aux arrangemens qu'ils ont désirés. Le privilége
« exclusif qu'ils ont prié S. M. de leur accorder, lui a paru être
« une des conséquences des mesures qu'elle prenoit pour con-
« solider cet établissement ; et pour la durée qu'elle a bien voulu
« lui donner, elle a entendu mettre son existence à l'abri de
« toute espèce de variations et de contrariétés. A quoi voulant
« pourvoir, vu par S. M. les délibérations prises par lesdits
« actionnaires dans les assemblées générales des 5 et 13 février
« présent mois, ensemble les offres y portées de déposer au
« Trésor royal 70 millions, par forme de cautionnement, et
« d'augmenter les fonds de la caisse d'escompte de 10 autres
« millions qui seroient employés dans la circulation ; ouï le
« rapport du sieur de Calonne, contrôleur-général des finances,
« le Roi étant dans son conseil, a ordonné et ordonne ce qui
« suit : . . . .
« . . . . »

Nota. « Une des conditions imposées par l'arrêt à la caisse
« d'escompte, d'après sa propre soumission, est d'escompter, à
« raison de 4 pour cent par an, les effets à 60 jours; à raison de
« 4 et demi pour cent par an les effets de 60 à 120 jours, et à
« 5 pour cent les effets de 120 à 180 jours. » (*Article* 8 *de
l'arrêt.*) (*a*).

En considérant ce qui a été fait pour la caisse d'escompte
en 1787, ce seroit traiter bien favorablement la Banque de France
que de mettre au renouvellement de son privilége les conditions
suivantes :

La totalité de son fonds capital seroit de 180 millions de francs,
et ce fonds seroit représenté par 180,000 actions de 1000 francs
chacune.

Sur ces 180 millions, 90 millions formeroient le fonds de
garantie et de cautionnement, et produiroient aux actionnaires
le même intérêt que paye l'État sur tous les autres cautionnemens,
c'est-à-dire 4 pour cent par an; en conséquence, les 90 millions
seroient versés à la caisse d'amortissement dans le courant de
l'année 1819, comme supplément de fonds destiné au rachat de
la dette publique, et il seroit délivré à la Banque de France une

---

(*a*) Quelques actionnaires de la Banque opposent, sans réflexion, à l'argument tiré de l'exemple de la caisse d'escompte, que c'est précisément le
cautionnement par elle fourni en 1787, sous le ministère de M. de Calonne,
qui a renversé cet établissement.

Cela est non-seulement inexact, mais cela étoit encore impossible.

La caisse d'escompte a continué ses opérations et son service depuis 1787
jusqu'à sa suppression en 1793, sans éprouver aucune secousse, aucun discrédit ; c'est la révolution, c'est la création des assignats, c'est la banqueroute produite par ces deux fléaux qui a entraîné la caisse d'escompte, comme
tous les autres établissemens de finances, dans le désastre universel.

Et puis il est absurde de prétendre qu'un cautionnement de 70 millions,
puisé ailleurs que dans les coffres de la caisse d'escompte, ait pu nuire à son
crédit et opérer sa ruine.

inscription au grand livre, de 3 millions 600,000 fr. de rentes perpétuelles, non négociables, comme devant servir de gage au public et aux porteurs de ses billets, de la stricte observation des réglemens de la Banque et de l'événement de ses opérations.

. Les 90 millions restans seroient versés dans les coffres de la Banque, pour l'accomplissement et le service de ses opérations.

Le véritable intérêt d'État que présente l'existence d'une banque est celui de la sûreté des porteurs de ses billets ; c'est là qu'est l'intérêt public, c'est là le principal objet de la surveillance du Gouvernement ; l'intérêt des actionnaires n'est qu'un intérêt particulier qui est sous la garde de leurs représentans.

Il pourroit arriver que des imprudences et des catastrophes compromissent, en tout ou en partie, les fonds et les valeurs servant de gage aux billets en circulation, qu'on estime pouvoir s'élever communément à 90 millions ou environ. Or, un cautionnement de pareille somme versé, non pas au trésor, mais à la caisse d'amortissement, offre vraiment au public une garantie inviolable; cette caisse étant constamment placée sous la surveillance des deux Chambres, et ses fonds étant absolument distincts de ceux destinés aux dépenses générales de l'État, la surveillance des Chambres embrassera aussi le cautionnement fourni par la Banque ; et puisqu'elles sont appelées aujourd'hui à s'occuper de l'organisation définitive de cet établissement, leur soin principal doit être celui des précautions à prendre pour la sûreté du remboursement des billets de banque.

Mais il paroît qu'au contraire la Banque de France, en demandant la prorogation de son privilége, demande, en même temps, la réduction à 70 millions de francs de son fonds capital de 90 millions, et la liberté de répartir à ses actionnaires toute sa réserve et tout ce qu'elle possède au delà de 70 millions ; elle n'offre d'ailleurs à l'État, comme fonds de garantie, aucun prix quelconque pour le renouvellement de son privilége.

Le motif ou le prétexte que donne la Banque de France, pour la réduction de son fonds capital, c'est qu'elle n'en trouve pas l'emploi, et qu'elle a toujours dans ses coffres une grande quantité de fonds oisifs.

Il seroit difficile, d'abord, de se rendre compte de l'oisiveté des fonds d'une banque qui, fondée sur un capital de 90 millions, a gagné, dans la révolution de quinze ans, au delà de l'intérêt de ses fonds, à 7 à 8 pour cent par an, de quoi former une réserve de plus de 20 millions.

Mais, ensuite, ce n'est pas sous le rapport particulier de l'intérêt de la banque et de ses actionnaires qu'il faut envisager son institution; cet intérêt n'est que secondaire; c'est celui de l'État, c'est celui du commerce qui décident les gouvernemens et les législateurs à former de semblables établissemens; ils ne sont créés que pour la plus grande facilité des transactions civiles et commerciales, pour multiplier les moyens d'échange et de libération, et surtout pour faire fléchir le taux de l'intérêt.

Si, à l'exemple de la caisse d'escompte, la Banque de France se fût toujours contentée du taux d'escompte à 4 pour cent sur les effets à 60 jours, et de 4 et demi pour cent sur les effets de 60 à 120 jours, elle n'auroit certainement pas eu de fonds oisifs; elle auroit augmenté l'aisance générale, et ses actionnaires eussent eux-mêmes profité, dans leurs opérations particulières, du bon effet que produit toujours la baisse de l'intérêt de l'argent.

Enfin, il est à croire que si la Banque de France ne comprenoit pas sous la dénomination de FONDS OISIFS, 1°. le numéraire que, d'après ses statuts, elle doit avoir toujours en caisse pour faire face au remboursement de ses billets en émission; 2°. les sommes qui sont versées dans ses coffres à titre de COMPTES COURANS, et qui doivent, à toute demande, se trouver à la disposition des propriétaires de ces comptes courans, elle auroit de

8

la peine à établir que le surplus de ses fonds en caisse, cette double déduction faite, soit resté sans emploi.

Mais au reste, lors même que l'objection tirée par la Banque de la prétendue surabondance d'un fonds capital de 90 millions seroit aussi sérieuse qu'elle est frivole, cette objection seroit tout-à-fait indifférente à l'obligation naturelle où elle se trouve de fournir un cautionnement à l'État; que le fonds versé pour gage des billets destinés au service des escomptes, soit de 90 ou de 70 millions, le fonds de garantie qui embrasse d'aussi vastes opérations que celles de la Banque de France, sera encore bien modéré en le fixant à 90 millions. La Caisse d'escompte, cet irrécusable modèle à proposer pour le cas actuel, n'avoit que 30 millions de fonds pour faire son service, et son fonds de garantie étoit de 70 millions.

Si donc, contre l'intérêt général, on admettoit la réduction demandée par la Banque de France sur le fonds versé pour gage des billets destinés au service des escomptes, il faudroit par cette raison-là même, lui imposer l'obligation d'un cautionnement plus considérable, pour remplacer, en faveur du public, la portion de garantie que la Banque lui auroit soustraite en répartissant à ses actionnaires la totalité de sa réserve, et en reprenant, sur son fonds primitif, une somme de 20 millions de francs.

Le privilége de la Banque ayant cessé par son propre fait, et une concession nouvelle étant devenue nécessaire, il n'est pas à craindre que l'État manque de soumissionnaires pour la formation d'une autre banque, sur les bases et aux conditions qu'on vient d'indiquer, si, contre l'intérêt de ses actionnaires, la Banque actuelle, mal conseillée, refusoit, en cette occasion, la préférence qui lui est due; mais il seroit, on le répète, hors de toute raison, que la puissance législative n'obligeât pas la Banque à fournir, en retour de la concession d'un nouveau privilége, un fonds de garantie proportionné à l'importance de son établissement et à l'étendue de ses opérations. L'emploi indiqué pour ce fonds de garantie auroit, sur le crédit public, un effet facile à comprendre ; ce seroit pour la caisse d'amortissement une nouvelle dotation particulière de 90 millions ; ressource inappréciable dans une circonstance où les besoins de l'Etat nécessitent de nouvelles créations de rentes, et où il est si important d'élever le cours de la dette publique, et d'en faciliter le rachat.

Depuis quatre ans, on déplore, lors de la discussion de chaque Budget, l'impossibilité de réduire, même de quelques centimes, la contribution foncière ; aujourd'hui encore, on la laisse subsister, de tout son poids, sur la tête des contribuables ; et en même temps, on négligeroit une légitime rentrée de 90 millions qui s'offre naturellement au trésor et à la caisse d'amortissement ! et on précipiteroit, en faveur de la Banque, la concession gratuite d'un nouveau privilége ! Ce seroit là, on peut le dire, mettre en oubli les vrais intérêts de l'Etat, pour favoriser une association particulière d'actionnaires ; et plutôt que de se priver ainsi, sans retour, d'une ressource aussi précieuse que celle du cautionnement proposé, il vaudroit encore mieux ajourner à la session prochaine, toute délibération sur la demande dont la Banque a pris l'initiative.

Mais cet ajournement seroit lui-même encore une faute : à présent que le système des emprunts a été admis, comme moyen de salut, et que la dette perpétuelle va être augmentée d'une somme considérable, tous les regards sont fixés sur les mesures législatives qui accompagneront cette grande épreuve du crédit de l'Etat : il faut que ces mesures soient aussi imposantes que la masse des emprunts paroît redoutable ; et c'est en ce point surtout que doivent éclater la prévoyance et la sagesse du Monarque et des Chambres, faisant de concert un appel à la confiance des prêteurs, par ménagement pour les contribuables.

A côté de la proposition du cautionnement de 90 millions à

exiger de la Banque, je voudrois pouvoir offrir ici, d'avance, tel que je me le représente à moi-même, le tableau des rapides effets que produira sur le crédit public le double accroissement de capital survenant à la caisse d'amortissement, dès l'année prochaine, par le produit de la vente des bois qui lui sont affectés, et par le versement imprévu d'une somme de 90 millions : ce seroit là, sans doute, la meilleure réfutation de tous les argumens contraires, et l'écueil de toutes les résistances.

La caisse d'amortissement a été fondée, il n'y a que deux ans, par la loi du 28 avril 1816.

Elle n'a touché encore, en vertu de sa dotation, que 70 millions en capital, et elle possède déjà plus de 6 millions de rentes : quel ne sera pas, d'ici en 1820 seulement, le progrès de ses rachats, si, graces à la mesure proposée et à ses autres rentrées certaines, elle peut disposer, dans l'intervalle, de plus de 300 millions en capital (a)? Ou elle aura déjà alors absorbé 40 à 50 millions de rentes, ou bien le cours de la dette publique se sera élevé en proportion de ce que l'amortissement aura retiré de moins : or, ne perdons pas de vue que c'est en 1821 que commencera le remboursement des reconnoissances de liquidation, et que 10 pour cent de plus ou de moins dans l'état des fonds publics, formeront pour le Trésor une différence de 50 millions.

Les œuvres de cette session vont fixer irrévocablement les destinées du crédit public; et l'opinion générale sur les princi-

---

(a) Par le produit de la vente de 30 mille hectares de bois, chaque année, pendant trois ans. . . . .   80 millions.

Par le cautionnement de la Banque.   90

Deux ans et neuf mois de dotation.   110

Arrérages de trois ans de rentes, environ.   40

320 millions.

pes des deux Chambres se formera d'après l'ensemble des actes
de justice, de prudence et de sollicitude qu'elles auront délibé-
rés et adoptés, en faveur des créanciers de l'Etat, et dans l'intérêt des contribuables.

Saisir ou négliger l'heureuse occasion qui s'offre aujourd'hui
d'agrandir les moyens d'amortissement de la dette, c'est donner,
pour l'avenir, un sujet de crainte ou d'espérance, c'est accorder ou refuser un gage d'attention pour toute proposition salutaire au crédit, c'est fortifier ou affoiblir la confiance universelle.

La même réflexion s'applique aux actes de partialité qui, par
inadvertance ou autrement, auroient été commis dans les précédentes sessions, tels que celui que j'ai fait connoître, et qui
frappe spécialement sur les créanciers de l'arriéré de 1801 à
1810. Dans un système de libération complète, cette distinction est inadmissible; elle attaque le principe général de fidélité
qui a confondu et mis au même rang tous les créanciers reconnus par la loi; et si on a pu une seule fois, au moyen d'un
amendement improvisé après la clôture de la discussion, s'écar-
ter du principe à l'égard d'un ou plusieurs de ces créanciers,
tous les autres créanciers de l'Etat, étrangers ou règnicoles, à
quelque titre que ce soit, sont fondés à craindre pour eux-
mêmes que, sous tel ou tel prétexte, on ne s'en écarte aussi
légèrement dans la suite.

Lorsque je présentai le plan de finances énoncé dans mon
Mémoire de février 1816, j'exprimois en ces termes (1) ma
confiance dans les avantages que ce plan me paroissoit embrasser.

« La profonde conviction dont je suis pénétré à ce sujet,
« me fait désirer ardemment qu'il puisse être fait une sorte

(1) Page 47 du Mémoire de 1816.

« d'appel aux différentes personnes, dont les lumières et l'ex-
« périence, en matières de finances, sont reconnues et éprou-
« vées, pour qu'elles se réunissent et discutent les divers pro-
« jets rendus publics, ou fournis au ministère ou à la commis-
« sion ; je leur soumettrois et je leur développerois avec em-
« pressement, si j'avois l'avantage d'y être appelé moi-même,
« le plan que je viens d'exposer : je crois pouvoir répondre
« d'une manière satisfaisante à toutes les objections, et j'ai la
« confiance que, plus il seroit approfondi, plus il seroit jugé
« digne de suffrage. »

J'exprime aujourd'hui le même vœu, quant à la proposition
du cautionnement à demander à la Banque de France.

J'avois terminé mes Mémoires de 1814 et 1816, par l'annonce
d'un travail particulier sur les mesures les plus propres à hâter
le développement des ressources territoriales de la France,
et des facultés industrielles de ses habitans, et à améliorer la
balance du commerce de la France avec les autres Etats ; les
bases de ce travail ne peuvent être solidement établies qu'a-
près la retraite de l'armée d'occupation, et après notre libération
envers les étrangers ; mais je me suis néanmoins occupé d'abord
de l'indication des réformes à faire dans les différens ministè-
res, pour ce qui tient aux subsistances et aux approvisionne-
mens de toute espèce ; et j'ai fait parvenir à S. Ex. le ministre
de la guerre, dans le mois de novembre dernier, une première note sur l'administration des subsistances que je crois
digne de son attention.

« Comme c'est le Gouvernement qui est le plus grand con-
« sommateur de l'Etat (1), il importe que les procédés qu'il

---

(1) Page 48 du Mémoire de février 1816.

« emploie soient toujours en harmonie avec les intérêts de l'a-
« griculture et du commerce; et c'est essentiellement sous ce
« rapport, que je crois possible et facile d'introduire un meil-
« leur ordre de choses que celui qui existe. »

A Paris, ce 26 avril 1818.

Signé J. OUVRARD.

www.ingramcontent.com/pod-product-compliance
Lightning Source LLC
Chambersburg PA
CBHW070832210326
41520CB00011B/2232